# RÉCIT D'UN VOYAGE CIRCULAIRE EN ORIENT

# RÉCIT

D'UN

# Voyage Circulaire EN ORIENT

**Italie, Grèce, Turquie, Syrie, Palestine, Lieux Saints**

ET RETOUR PAR L'ÉGYPTE

PAR

**Alexandre DANJEAN**

PRIX : 2 FRANCS

DIJON

IMPRIMERIE JOBARD

9, Place Darcy

—

1907

# AVANT-PROPOS

Ceci n'est qu'un aperçu, même très succinct, des notes et impressions que l'on peut recueillir au passage dans un voyage fait aussi rapidement et en s'arrêtant si peu en chaque endroit. Je n'ai pas ici la prétention de faire un guide de voyage en Orient, ce soin est réservé à des personnes de talent, tout à fait spéciales, et y mettant le temps voulu pour étudier en détail tous les pays parcourus. Qu'il suffise de dire qu'il faudrait au moins mettre plusieurs mois pour rendre compte, à peu près, de ce beau voyage que nous avons fait en quarante jours de Marseille à Marseille. — D'autres pèlerins qui ont fait ce voyage, des prêtres surtout, dans les relations qu'ils ont écrites, n'ont guère raconté que les souvenirs religieux, négligeant complètement le côté touriste pour ne traiter que le côté pèlerin. Au risque de passer pour un profane, avec mes sentiments religieux bien connus, je raconterai indistinctement tout ce que j'ai pu saisir et recueillir comme touriste et pèlerin, trop heureux si je peux intéresser mes lecteurs, dont je réclame l'indulgence pour un écrivain d'occasion comme moi.

# RÉCIT

D'UN

# VOYAGE CIRCULAIRE EN ORIENT



*Le 15 Mars 1906*

C'est aujourd'hui le départ pour l'Orient du pèlerinage Saint-Louis dont le but principal est Jérusalem et les lieux saints, mais qui effectuera en même temps un voyage circulaire s'arrêtant en Italie, en Grèce, en Turquie, etc.

Nous sommes tous arrivés à Marseille, les uns d'hier, les autres d'aujourd'hui, et après être allés ce matin nous mettre sous la protection de Notre-Dame de la Garde, nous nous rendons au port de la Joliette, à deux heures après midi, pour prendre place à bord de l'*Equateur,* grand paquebot des Messageries maritimes qui fait la poste sur son parcours, tout en transportant marchandises et voyageurs.

Nous sommes cinquante-huit pèlerins, dont seize Belges, cinq Américains, trois Canadiens, une Hollandaise, une Irlandaise et trente-deux Français. Nous avons treize prêtres, quatre docteurs, sept dames mariées ou veuves, seize demoiselles de différents âges et dix-huit hommes civils, sous la direction de M. l'abbé Potard, de Paris, auquel nous avons remis, en échange de nos billets, tout le prix du voyage. C'est vous dire que nous n'aurons qu'à nous laisser conduire, M. le Directeur étant chargé de tout, nourriture, transports sur mer et sur terre, voitures partout, même les pourboires, ce qui est relativement considérable dans ces voyages ; en un mot, absolument de toutes les dépenses de notre voyage, excepté pourtant les excursions facultatives, ainsi que nos achats, cela va sans dire.

Nous voilà donc à bord, on distribue les cabines, qui sont fort exiguës, ainsi qu'il en est, paraît-il, dans tous les navires, et dans lesquelles il y a quatre ou six petits lits superposés les uns sur les autres. Comme il y a avec nous beaucoup de voyageurs, on est obligé de nous serrer un peu. Ainsi dans ma cabine où il y a six lits, nous sommes quatre avec nos bagages : la cabine est bondée. Il y a peu d'enchantement, ces couchettes sont dures et étroites ; on s'y fourre comme on peut, et le matin on en sort de même, pas plus de deux à la fois. A part cela, on a une table de toilette, l'eau douce à volonté, et un bouton à l'intérieur de chaque couchette, qu'on n'a qu'à tourner pour éclairer instantanément notre petit logis. On se fait vite à cela, et tout de suite on est gai et de bonne composition.

Un mot de l'*Equateur :* ce navire à 134 mètres de long, 12 mètres de large et file treize nœuds à l'heure, ou six lieues pour ceux qui ne sont pas familiers avec les expressions marines. Les machines ont la force de deux mille chevaux-vapeur et usent quarante tonnes de charbon en vingt-quatre heures. Ces bâtiments, vu leurs dimensions, sont d'une grande stabilité, on y risque peu du mal de mer. Il y a cinq classes, les trois premières sont logées en cabines, les deux autres sur le pont, dont l'une couverte par des toiles et l'autre exposée à tous les temps. Tout ce qui, du reste, loge sur le pont est un mélange d'habitants des pays d'Orient, gens crasseux, grossiers, peu civilisés, ou pas du tout, et qu'on ne pourrait loger dans des cabines, quoiqu'il y en ait de riches, avec de luxueux bagages à la mode de leur pays. Les officiers de l'*Equateur*, dont un capitaine, deux lieutenants et des commissaires, sont tous très affables, les matelots et les gens de service également.

L'ordinaire y est très confortable, surtout pour les deux premières classes ; les gens du pont se nourrissent à leur guise, de fruits et de légumes surtout, assis sur le parquet et la plupart mangeant avec leurs doigts. Un petit débit pour ces gens-là est tenu sur le pont par un commissaire qui connaît toutes leurs langues. Quant à nous, on peut avoir comme extra tout ce qu'on veut, liqueurs, bière, etc.; le café et le thé à tous les repas font partie de l'ordinaire, et même beaucoup de thé entre les repas.

Revenons au départ. L'*Equateur* termine son chargement avec fracas. Ce sont des grues commandées par des treuils puissants, qui prennent les marchandises dans des bateaux au pied du navire et viennent les déposer dans la cale. Cette manœuvre est très intéressante. Aussitôt ce travail terminé, on ne perd pas une minute, on lève l'ancre et nous voilà partis ; il est cinq heures du soir. Un dernier adieu à Marseille et à Notre-Dame de la Garde ; temps superbe, belle mer ; adieu aussi à notre terre de France, Dieu seul sait si nous reviendrons.

Débarrassés de nos préoccupations, nous faisons connaissance avec les membres de notre nouvelle famille au milieu de laquelle nous allons passer quarante jours à échanger nos impressions de voyage, impressions qui seront si nombreuses et si variées. Il faut s'observer et fraterniser plusieurs jours pour se connaître à peu près, mais je m'aperçois dès le début qu'on vivra en bonne intelligence ; du reste, toutes ces personnes, sans distinction de nationalité, ont de l'éducation, quelques-unes sont même fort distinguées. Belges, Américains, Canadiens, tous parlent français et même très bien, à l'exception de deux dames qui, à la fin, se faisaient tout de même comprendre. La suite me prouvera agréablement que ma première impression a été bonne : il y a même des personnes avec lesquelles on devient très sympathique et qu'on quitte à regret au bout de quarante jours, pendant lesquels on est toujours ensemble.

Quant à notre directeur, il est très réservé à notre égard et je le comprends ; du reste il est gêné dès le début, car il nous a remis avec nos billets un programme de tout le voyage et il sait que ce programme ne s'exécutera pas à la lettre, et il sent venir quelques réclamations, dont il se débarrassera du reste très facilement. Comme je vous l'ai dit, c'est un abbé important, même évêque *in partibus*, je crois. C'est un homme de bronze, d'une stature assez imposante, très sobre en paroles, réfractaire au sourire, se moquant des réclamations comme un poisson d'une pomme. Il paraît qu'il faut avoir ce caractère pour mener à bien les pèlerinages. A part cela, des idées assez larges, ne lésinant pas trop, et nous procurant à peu près le confortable autant qu'il le pourra pendant le cours du voyage, qui, je dois le dire, n'est pas sans difficultés pour lui. Seulement ces difficultés sont bien atténuées, car il fait ce voyage avec nous pour la quatorzième fois, je crois, passant par les mêmes pays, ayant affaire aux mêmes gens pour nourriture, transports, logements, etc., étant connu dans toutes les douanes, ayant à peu près les mêmes guides, et tout cela prévenu à l'avance et nous attendant à toutes les arrivées. Aussi qu'il nous pardonne les quelques mouvements d'impatience que nous avons manifestés presque tous en différents endroits, lorsque nous attribuions à son manque d'action et d'énergie les ennuis que nous avons eus encore assez souvent et toujours fort désagréables. Ceci étant dit sans récrimination et sans en conserver mauvais souvenir, je reviens au voyage.

Nous filons donc le long de la Côte-d'Azur, nous dirigeant sur Naples. La nuit arrive ; nous allons souper et, une prière en commun à l'arrière du navire, une promenade sur le pont et nous allons essayer nos jolies petites couchettes et nos cabines. Nous sommes près des machines, nous avons trop chaud et cela fait trop de bruit ; néanmoins on est fatigué, on dort passablement. Il faut s'habituer à tout cela.

*Le 16 Mars.*

A notre réveil nous entendons un grand mouvement, c'est la toilette de l'*Equateur* qu'on lave à grande eau tous les matins et qu'on essuie minutieusement ; aussi respire-t-on la propreté à pleins poumons sur ce navire.

A dix heures du matin, nous sommes dans le détroit de Bonifacio. On est tout près de la Corse et de la Sardaigne. Cette dernière ne présente de ce côté que des montagnes arides. On voit très bien la ville de Bonifacio, ainsi que le panorama de la Corse avec ses montagnes dont quelques-unes sont couvertes de neiges éternelles. Temps splendide, mer très belle ; on va longer de loin les côtes d'Italie pour arriver à Naples.

*Le 17 Mars.*

A cinq heures du matin, nous entrons dans le port de Naples. Nous avons devant nous le panorama de la ville, et plus loin, qui domine, le Vésuve fume tranquillement, ne révélant à ce moment aucun symptôme de la terrible éruption qui, trois semaines plus tard, engloutira des villages entiers et faillira détruire la ville de Naples elle-même.

Le navire ne va pas à quai et, après les formalités qui se remplissent à chaque débarquement et qui se font très vite, un docteur de la ville vient constater l'état sanitaire à bord du navire, ensuite, dis-je, des barques viennent nous prendre pour nous déposer à la gare maritime.

Là, les voitures nous attendent ; nous parcourons la ville, nous arrêtant aux églises. C'est d'abord la cathédrale de Saint-Janvier, où s'opère une fois par an le miracle de la sainte ampoule ; puis l'église de Sainte-Claire où eut lieu un autre miracle ; aussi l'église Saint-Thomas d'Aquin, et la cathédrale tout spécialement affectée aux exercices religieux pour la cour d'Italie.

Près de l'hôtel des postes, nous quittons les voitures et nous sommes libres. Nous en profitons pour donner de nos nouvelles à nos familles, et nous nous rendons à bord où nous devons être à dix heures du matin. Nous manifestons notre regret de ne pouvoir faire l'excursion à Pompéi qui nous était promise sur le programme ; mais c'est impossible, le temps nous manque, le navire va lever l'ancre. Moi, je n'y perds rien, j'ai visité Naples et Pompéi une autre fois, mais je le regrette pour mes camarades.

Naples est une belle ville, mais qui manque de propreté ; dans une situation exceptionnelle, le golfe de Naples est unique au monde. La population est très dense, malgré les nombreuses émigrations de ces années dernières ; dans certaines rues, tout y grouille, ici on n'a pas besoin des sermons de M. Piot. Les Napolitains sont fainéants, se traînent sur les trottoirs des rues, pieds nus, sales, déguenillés, avec d'assez jolies figures ; aussitôt qu'ils nous voient, ils nous accablent de leurs obsessions en tendant la main.

Il faut voir les attelages composés de trois bêtes de front, un cheval, une vache et un âne, bêtes étiques traînant très peu de choses dans une carriole à l'avenant : cela ressemble beaucoup à nos Bohémiens. Il y a pourtant des voitures de place assez bonnes, mais toujours mauvais cheval, mauvais harnais et cocher dégoûtant .

A midi, nous quittons le port de Naples par un temps toujours magnifique, et c'est alors que nous pouvons jouir de la beauté du golfe de Naples ; panorama féerique : à droite, Sorrente et plusieurs belles villes au pied des montagnes ; à gauche, l'île de Capri, célèbre par la résidence autrefois de Tibère, empereur romain. Ce tyran sauvage avait construit à Capri un château où il allait se reposer et où son plaisir favori était de faire sauter ses victimes à la mer du haut d'un rocher. Nous perdons de vue ce pays enchanteur, et en route pour la Grèce.

Le soir, nous veillons tard ; nous arrivons

dans la nuit au détroit de Messine. Nous apercevons très bien la ville de Messine et ses beaux quais illuminés. Nous passons aussi au pied du Stromboli, volcan très calme, moins important que le Vésuve, mais qui fume un peu et produit à son sommet une rougeur d'un merveilleux effet la nuit.

*Le 18 Mars.*

Nous perdons de vue la terre et nous passons la journée en pleine mer. C'est aujourd'hui dimanche, nous le célébrons dignement. La semaine, les prêtres disent leur messe à la suite, dans l'intérieur du navire, à un petit autel improvisé. Nous y assistons à volonté et en toute liberté. Nous ne sommes pas, du reste, pressés d'une manière gênante à propos des exercices religieux; notre directeur ayant, comme je l'ai dit, des idées très larges. Aussi, malgré tout, j'engagerai ceux qui voudront faire ce beau voyage, à aller avec M. Potard. On y est à son aise, la discipline n'est ni fanatique, ni rigoureuse, et je dois le dire à son avantage, il nous laisse beaucoup de liberté et d'indépendance.

Ainsi, les prêtres étrangers, leur office terminé, revêtent l'habit civil, reprennent la vie mondaine comme nous, usent de tout, fument le cigare comme nous, ne sont nullement cagots, et cela n'a rien de choquant, au contraire. Nos prêtres français gardent la soutane Tous laissent pousser leur barbe, cela est obligatoire ; nous autres civils, nous échappons à ce petit désagrément.

Donc aujourd'hui dimanche, notre capitaine qui est catholique, fait dresser un autel en haut sur le pont, et à dix heures nous avons la grand'messe et un sermon auxquels assistent, avec un recueillement édifiant, les officiers et commissaires disponibles, ainsi que pas mal de voyageurs, parmi lesquels un Turc dans une tenue admirable.

Notre charmant capitaine commandant, M. Laparelli, est un Corse qui, depuis dix-huit ans, est toujours sur mer, a vu le danger de près bien des fois et qu'on pourrait donner comme exemple à nos petits esprits forts qui se disent athées, la plupart par fanfaronnade.

Je profite de mon temps disponible pour aborder cet officier, qui s'y prête avec la meilleure grâce. Voyant que nous avons manqué une belle excursion à Naples, je veux dire Pompéi, je ne suis pas sans inquiétude sur la suite du voyage. Je fais part à cet officier de la déconvenue que nous avons eue à Naples ; d'autres se joignent à moi, nous montrons notre programme sur lequel, avec raison, nous nous basions pour notre voyage. Si nous avons des arrêts si courts, nous manquerons une belle partie de notre voyage. (Ici c'est le touriste qui parle, ailleurs ce sera le pèlerin).

— Mais, nous répond cet aimable commandant du navire, ce n'est pas ma faute, je fais la poste, je suis limité et je ne peux pas m'arrêter très longtemps en chaque endroit. Du reste, votre directeur le savait bien lorsqu'il vous a donné ce programme ; ce n'est pas la première fois qu'il vient avec nous, et il a bien agi en toute connaissance de cause.

Nous sollicitons alors du commandant qu'il veuille bien être assez aimable pour nous accorder ce qu'il pourra à titre gracieux.

Il nous assure de sa bonne volonté et donne connaissance du temps que nous aurons à nos autres étapes, temps qui sera suffisant pour voir les principales curiosités. Il n'y aura donc plus de regrets comme à Naples. Cela s'est confirmé.

*Le 19 Mars.*

A sept heures du matin, nous apercevons plusieurs îles dont nous sommes, de quelques-unes, assez rapprochés. Nous consultons la carte qui est placée sur le bâtiment à la vue de tout le monde, et sur laquelle on peut toujours voir où on se trouve. Notre route y est tracée par une ligne au crayon sur laquelle on fait avancer un petit drapeau piqué par une épingle, et cela au fur et à mesure que nous marchons. Toutes les profondeurs sont indiquées, et nous voyons que notre route passe sur trois à quatre mille mètres de profondeur ; la plus grande profondeur est 3,931 mètres.

Nous sommes en face de la Morée, à gauche l'île de Cérigo. Il y a des villages sur toutes les îles, qui sont nombreuses et paraissent arides. Sur la Morée des montagnes de neige.

On aperçoit bientôt la Grèce et nous arrivons au port du Pirée à trois heures après midi. L'*Equateur* s'arrête à deux cents mètres du quai où des bateliers viennent nous prendre. Les quais du Pirée forment un demi-cercle autour du port et sont magnifiques, bordés de jolies promenades, jardins anglais, cafés. Cette ville a dix mille habitants, et c'est là qu'on prend un chemin de fer électrique qui nous mène à Athènes en vingt minutes, trois gares à traverser.

Nous arrivons bien vite à Athènes, où deux missionnaires nous attendent et nous conduisent de suite visiter l'Acropole, autrement dit les ruines d'Athènes. Ces temples de l'ancienne Grèce, dont il reste encore des structures énormes debout, avec des colonnes gigantesques de marbre, se trouvent non loin de la ville et sur un endroit très élevé, d'où l'on a un magnifique panorama et la belle ville d'Athènes à ses pieds, qu'on peut étudier minutieusement.

Nos guides nous expliquent les temples des dieux ; ici le temple de Minerve, là le temple de Jupiter, plus loin celui de Neptune où il frappa, dit-on, le rocher de son trident avec une telle force qu'il en jaillit une source qu'on voit encore. C'est beau, c'est grand, c'est curieux, il faudrait un savant pour en donner la description.

Nous avons vu si vite qu'on ne peut tout retenir. On y voit aussi un ancien cirque où tous les fauteuils sont taillés en gradins dans le rocher, aussi des statues de ce temps-là. En montant à l'Acropole, nous passons près d'une grotte creusée dans le rocher et fermée par une forte grille en fer; c'est la prison où fut enfermé Socrate.

Les environs d'Athènes sont fort jolis; des montagnes peu élevées au loin et couvertes de végétation superbe. Le soleil baisse et on nous fait remarquer là-haut comment, par un beau coucher de soleil, les montagnes changent de couleur, passant du rose au bleu, au vert, etc. C'est féerique.

Nous descendons et nous parcourons un peu la ville en retournant à la gare. Belle ville, de superbes édifices, les cafés de même, nous passons devant la résidence royale où sont actuellement les souverains. Ici, cela nous rappelle la France, on parle beaucoup français, on nous est très sympathique, on s'empresse de nous renseigner; en chemin de fer on fraternise, on a l'air d'aimer beaucoup les Français.

Il est grand nuit, nous rentrons au Pirée, les barques nous attendent pour nous remettre au paquebot. Nous sommes sept ou huit dans la mienne, notre batelier perd les autres, s'égare dans le port où il y a plusieurs navires, ne retrouve plus l'*Equateur*. Jolie panique, s'il allait être parti ! Nous crions, nous appelons, et enfin après avoir passé un bon ou plutôt un mauvais quart d'heure dans des transes impossibles, nous voilà à bord. Dieu soit loué !

Notre bâtiment termine son chargement ; à dix heures du soir nous levons l'ancre et en route pour Smyrne. Ce n'est pas sans émotion qu'on quitte ce beau port du Pirée, qui, la nuit, avec ses grands quais en demi-cercle, si bien illuminés, produit sur nous un effet inoubliable.

*Le 20 Mars.*

Nous sommes dans la mer Egée. A huit heures du matin, à signaler l'île de Psara, un peu plus loin l'île de Scio, célèbre par un terrible tremblement de terre qui fit énormément de victimes, en 1880. En face de Scio, l'île de Mitylène qui est à notre gauche, où nos vaisseaux vont, en cas de besoin, en imposer à la Turquie.

Nous filons sur Smyrne, on a l'Asie Mineure de chaque côté, sur laquelle on aperçoit une belle végétation et de beaux villages ou villes qu'on voit très bien à l'œil nu. On aperçoit à un certain endroit et sur une grande longueur, comme d'énormes tas de neige, ce sont, me dit-on, des tas de sel qu'on extrait de la mer.

A trois heures après midi, arrivée à Smyrne. Ici, les petits navires vont à quai, l'*Equateur* reste à quelques centaines de mètres. Une quantité de barques arrivent au pied du navire, les unes portant des noms d'hôtel, d'autres à des entrepreneurs, toutes montées par des Arabes, des Bédouins, des nègres qui hurlent, se chamaillent, se démènent dans des accoutrements sauvages, et présentent un spectacle terrifiant. Ces énergumènes, qui se disputent les voyageurs, trouvant que l'échelle de descente ne s'abaisse pas assez vite, grimpent après les chaînes du navire, sautent sur les bagages des voyageurs, les jettent du haut dans les barques, où ceux qui les reçoivent les manquent quelquefois et les colis vont faire le plongeon. Un de ces sauvages saute après et les ramène, tant pis si c'était du sucre. Nous, nous avons nos barques commandées, nous laissons passer l'orage et on nous transporte à quai sans danger. La police turque attend à quai, on montre les passeports, c'est bientôt fait, on n'est pas très sévère.

De la mer, on embrasse d'un coup d'œil la ville de Smyrne qui est construite sur une colline. Très beaux quais, belle ville, orientale toutefois, c'est-à-dire malpropre, sauf les quartiers européens qui sont tous séparés. Cette ville dont la population est d'environ trois cent mille habitants, compte trente mille Européens, les autres, Grecs, Arméniens et Juifs, tous séparés, et leurs quartiers respectifs se mélangeant très peu.

Nous passons à l'église Saint-Polycarpe, puis une visite à l'archevêque de Smyrne dont la résidence est proche. Cet imposant prélat embrasse notre directeur, qu'il connaît, nous adresse quelques paroles bienveillantes, où il nous recommande tout particulièrement d'être ici comme pèlerins et non touristes, de ne pas nous occuper des curiosités mondaines, et de prier, prier encore et prier toujours. C'est, du reste, ce qu'on nous répétera à satiété à chaque étape de notre voyage. Jugez si à notre retour nous ne serons pas les pèlerins les plus confits. Nous recevons à genoux la bénédiction de Monseigneur et, sous la conduite d'un guide ecclésiastique aussi aimable et dévoué qu'intelligent, nous parcourons la ville et visitons les immenses bazars, étroits, sales, couverts de mauvaises planches, bazars qui existent dans toutes les villes d'Orient.

Ces longues rues, étroites et mal pavées, sont bordées de chaque côté de cases séparées, où des hommes seuls vendent des produits de tout genre. Ici, ce sont des produits culinaires, on y fait la cuisine, c'est un immense graillon, on se bouche le nez ; là, ce sont des métiers de toutes sortes, où on fait parfois des travaux très fins. Dans ces rues de bazars qui s'entre-croisent à perte de vue, tout y passe, les chameaux et les ânes chargés à dos, les voitures de place attelées de deux chevaux, voitures très confortables, les matériaux de toutes espèces ; imaginez avec cela une foule d'indigènes et des visiteurs comme nous, et vous aurez une idée de ces pittoresques et interminables promenades nauséabondes. Je donne ces explications un peu détaillées et une fois pour toutes, car, comme je l'ai dit, les bazars existent dans toutes les villes d'Orient, mais quelquefois plus propres et mieux construits.

Ici, il faut nous procurer la monnaie turque, il y a des changeurs qui nous trichent, mais notre cicérone, habitant de Smyrne, se charge de ce travail. Ici, on tient beaucoup à l'argent français et surtout à l'or. Avec leurs piastres, demi-piastres, paras, il faut plusieurs jours pour s'y reconnaître, et en Palestine qui est turque, quand même cette monnaie n'a plus le même cours. C'est un des petits incidents du voyage.

Sur notre passage nous trouvons une place étroite, pavée de lourdes dalles, c'est le marché des esclaves où tant de malheureux ont souffert ; cela n'existe plus. Un peu plus loin, de grandes barres de fer entourant un puits ; c'est là qu'on pend les condamnés à mort. La semaine dernière deux pendus se sont balancés là à la lueur de grosses lanternes, on en a froid dans le dos. Visite au beau palais de justice, construction récente à l'européenne, la musique joue dans la cour ; belle musique, instruments en cuivre comme en France. Nous visitons la cathédrale catholique, où un dominicain de Paris prêche le Carême, puis nous revenons au quai en passant par la rue Franque, ainsi dénommée parce qu'elle est habitée uniquement par des commerçants français.

Cette rue est composée de beaux magasins de toutes sortes et qui tranchent complètement avec le reste de la ville. Sur les portes de cette rue les dames nous regardent passer avec leur gracieux sourire français. D'autres femmes, on n'en voit pas ici, elles se cachent, et il en est ainsi dans toutes les villes turques, où les quelques-unes que l'on rencontre sont voilées au point que l'on ne voit que les yeux; ces voiles font partie du vêtement, la plupart du temps noir.

A propos de ces femmes turques ou arabes, je vais donner ici une explication qui coupera court à certaines interprétations et qui me dispensera d'y revenir. Après informations sûres, j'ai acquis la certitude que ce sont les maris de ces dames qui ne veulent pas qu'on les voie et que ce n'est nullement leur religion qui les y oblige comme on le croit généralement. S'il leur arrive, comme elles le font quelquefois, de relever leur voile en public, elles sont rossées par leurs hommes en rentrant, et voilà tout.

La nuit approche, nous regagnons notre bateau, laissant cette ville à laquelle nous ferons une seconde visite.

*Le 21 Mars.*

A sept heures du matin, on arrive à l'entrée du détroit des Dardanelles, en face de la ville de ce nom qu'on aperçoit très bien et qui est une fort belle ville avec ses quais magnifiques. C'est l'entrée des eaux turques, les canons sont braqués de chaque côté du détroit et nul navire ne passe sans s'arrêter. Un officier turc d'un fort vient reconnaître la nationalité et laisse passer; cela dure environ vingt minutes. On n'entre pas dans le détroit, nous dit le capitaine, ni avant le soleil levant, ni après le soleil couchant. Si on ne se trouve pas dans ces conditions, on stationne, cela est de grande rigueur.

Temps superbe, très belle mer toujours, il fait plutôt froid. Je reviens à la nuit dernière où nous avons eu une panique. Notre navire s'est arrêté, et lorsqu'on a entendu la sirène répéter ses appels, tout le monde s'est levé. On a vite su alors que c'était un bâtiment autrichien qui était en détresse près de nous et auquel on s'apprêtait à porter secours, lorsqu'un officier est venu à notre bord nous dire qu'il n'avait qu'une avarie à ses machines, qu'il lui fallait vingt-quatre heures pour les réparer, et qu'on veuille bien donner de ses nouvelles à Constantinople.

Le reste de la journée se passe en pleine mer de Marmara. Nous examinons avec intérêt sur le pont du bateau une caravane de types russes géants, une douzaine d'hommes d'une taille vraiment extraordinaire. Ces hommes nous disent, par l'interprète, qu'ils viennent de La Mecque et sont Russes, je ne me rappelle plus de quelle contrée. Ils sont très doux, nos pèlerins en font habiller quelques-uns dans leurs habits de gala et les prennent en photographie, à condition de leur en faire part.

Nous arrivons à Constantinople à six heures du soir. Il n'y a qu'ici que notre bâtiment va à quai. Une foule se trouve sur le quai, les coiffures, les mouchoirs s'agitent, on nous fait une ovation. Pour aujourd'hui, nous devons nous contenter du panorama que nous avons sous les yeux et qui est vraiment superbe ; on ne débarque pas ce soir, les soldats turcs gardent, l'arme au pied, la sortie du navire.

*Le 22 Mars.*

Constantinople, environ un million d'habitants, avec son port magnifique rempli de navires et d'embarcations de toutes sortes, bateaux de promeneurs, bateaux de pêche, etc., avec sa Corne d'or qui justifie si bien son nom, ses beaux quais, est composé de quatre parties : Stamboul, Galata, Péra et Scutari.

Stamboul est la plus ancienne partie de Constantinople ; Galata et Péra ne font qu'un, et sont reliés à Stamboul par un pont de bateaux établi sur la Corne d'or qui a environ cinq cents mètres de long, lequel pont s'ouvre en partie pour laisser passer les navires. Ces trois parties de la ville sont Turquie d'Europe; Scutari se trouve sur l'autre rive du Bosphore et est Turquie d'Asie.

Il y a, nous dit-on, environ trente mille catholiques qui y sont très respectés ; le reste est en grande partie musulman. Les troupes turques protègent les processions catholiques, et présentent les armes à l'évêque quand il passe, quelle leçon pour la France ! Si les Arméniens ont été massacrés il n'y a pas longtemps, il paraît que c'était uniquement de leur faute. Il y a peu d'églises catholiques, la plus belle qui était une merveille a été volée par les musulmans et transformée en mosquée ; c'était l'église Sainte-Sophie construite, je crois, par Justinien, empereur d'Orient très catholique.

Les mosquées ou églises musulmanes sont très nombreuses et réparties dans tous les quartiers. Chaque mosquée a ses minarets ; les petites en ont un, la plupart deux, et les grandes en ont trois et même quatre. Les minarets sont des tours étroites et très élevées, imitant nos grandes cheminées d'usine. A une certaine hauteur de ces tours est construite une galerie qui en fait le tour. Là habite un prêtre musulman, qui du haut de ces galeries, cinq fois par jour, rappelle les fidèles à la prière. Il crie à la foule : « Allah ! Allah ! (c'est-à-dire Dieu) est grand et Mahomet est son prophète », bel exemple à donner encore aux esprits forts du peuple le plus spirituel de la terre. Mahomet n'est pas le Dieu des musulmans, comme on le croit généralement, ce n'est que son phophète, et le Christ est le premier prophète, Mahomet n'est que le second, leur Dieu est le nôtre, l'Etre suprême. Je suis obligé de m'étendre sur ces détails et sur certains autres encore, dans l'intérêt de la vérité.

Chose qui nous surprend et nous intéresse aussi, ce sont les chiens. Tout le monde a entendu parler des chiens de Constantinople. Nous les avons aperçus dès notre arrivée très nombreux sur les quais. Combien plus dans la ville. Dans les grandes rues, les plus beaux quartiers il y en a moins ; mais dans les rues où se tiennent les marchés, on marcherait dessus si on ne faisait grande attention. On jette les détritus dans la rue, et les chiens les dévorent ; ils ne vivent que de cela en plein air, on ne s'en occupe pas, se reproduisent seuls, nettoient les rues, mais les salissent bien davantage. Ces chiens ont chacun leurs quartiers respectifs et ne laissent pas leurs voisins mettre les pieds chez eux. Il y en a comme cela soixante mille à Constantinople. C'est une race imitant le loup, pas très grosse, poil moitié long, sale, grise et broussailleuse, réfractaire à la rage. On n'a jamais vu de cas d'hydrophobie. Des Européens en ayant ramené, ils ont été mordus, la rage n'a pas eu prise sur eux. Ces animaux quoique élevés en liberté sont doux, et si on leur marche sur la queue, ils pleurent mais ne se révoltent pas.

Donc aujourd'hui nous quittons l'*Equateur* de bonne heure, nous passons à la douane à deux pas, on vise nos passeports, et nous trouvons là nos guides qui ce matin doivent nous promener à pied. Nous visitons les marchés au jardinage, aux poissons, aux victuailles de toutes sortes, quartiers infects, rues étroites, remplies de trous; on marche sur les chiens, on se bouche le nez; comme coup d'œil, des ânes chargés de tripes et beaucoup de choses à l'avenant. Nous sortons de là, et nous visitons des endroits meilleurs, en nous dirigeant à la station des bateaux qui font le service du Bosphore, jusqu'à l'extrémité de Constantinople. Il fait un temps magnifique, et du bateau où nous sommes, on étudie la ville dans tous ses détails, car elle est construite sur une immense colline, d'où se détachent tous les édifices dont les explications nous sont données par nos guides très documentés au fur et à mesure que se déroule devant nous ce splendide panorama.

On nous fait remarquer les différents palais des sultans, car à la mort de chaque sultan, le successeur en construit un nouveau, jamais il n'habite la résidence de l'autre; les palais des ambassadeurs, chacun d'eux a son palais d'hiver et son palais d'été. Les palais d'été se trouvent au bord du Bosphore. Nous faisons ainsi environ trente kilomètres, cela va très vite et nous nous arrêtons en face du palais d'été de M. Constans, notre ambassadeur, logement qui nous parait plus que confortable.

Le Bosphore a environ 40 kilomètres de long, sur une largeur qui varie de près d'un kilomètre, et a un assez fort courant venant de la mer Noire. De l'extrémité du Bosphore il n'y a plus que vingt-quatre heures de mer pour arriver à Sébastopol. On nous fait voir l'endroit où les flottes française et anglaise se sont réunies lors de la guerre de Crimée pour aller faire le siège de Sébastopol; nous sommes arrêtés pas loin de là.

Nous reprenons le bateau, et regagnions l'*Equateur* pour prendre le repas de midi :

quel remue ménage, le navire fait provision de charbon.

Après midi, les voitures, excellentes toujours, viennent nous prendre et nous emportent rapidement à travers les plus beaux quartiers de la ville. Nous traversons les immenses bazars, qui, ici, sont très bien construits avec des voûtes énormes en pierre, puis la mosquée de Sainte-Sophie dont j'ai parlé tout à l'heure, qui est une merveille de luxe, et où se trouve un trône où le sultan assiste à l'office le vendredi qui est le dimanche des musulmans.

Ce monarque tout-puissant, entre autres manies, en a une bien bizarre. Le vendredi, à la sortie de la mosquée, plusieurs carosses de gala attendent pour le transporter au palais. On ne sait lequel il choisira, il saute dans un qui l'emporte au galop, et les généraux et officiers de sa suite le suivent en courant et à pied, jusqu'à sa résidence. Depuis l'attentat de Jorris, il ne va plus à la mosquée.

Je reviens : à l'entrée de Sainte-Sophie, comme du reste à toutes les mosquées, les gardiens nous mettent des sandales moyennant finance que paie notre directeur ; car on n'entre pas avec ses chaussures. On peut enlever ses souliers et les porter à la main, ainsi on n'a rien à payer. Ici encore on croit généralement que c'est une question religieuse, il n'en est rien, c'est parce que le pavé des mosquées, et de toutes les mosquées, est recouvert de riches tapis d'Orient, sur lesquels on ne doit marcher qu'avec précaution. Aussi, il faudrait voir quand on perd une sandale, comme on vous rejoint et on vous la remet bien vite ; c'est la consigne, et aussi de se découvrir, on y parle à volonté.

A Sainte-Sophie, comme dans toutes les mosquées que nous visiterons, en dehors des cérémonies, il y a toujours des gens en prière, hommes, femmes, officiers, gens de toutes conditions : les uns lisent le Coran en se balançant et assis par terre, d'autres se prosternent la face contre le pavé, d'autres se lavent les pieds à la fontaine qui se trouve dans chaque mosquée, tous ont l'air de prier avec une grande ferveur. Ces gens qui ne connaissent pas le respect humain ne font pas attention à nous, nous parlons haut à côté d'eux, ils ne nous voient même pas. Nos pèlerins qui se croient les plus près du ciel, pour la plupart regardent ces gens avec une pitié narquoise et dédaigneuse ; à moi ils m'inspirent de l'admiration.

Après Sainte-Sophie, une autre mosquée où sont tous les tombeaux des sultans, et entre autres dix-sept tombeaux de petits sultans et sultannes qui ont été égorgés d'un seul coup par leur frère qui voulait régner. Ceci fait bien peine à voir. Ensuite nous visitons la mosquée des pigeons sacrés. Ces pigeons, en grande quantité, vivent en liberté, comme à Venise, place Saint-Marc, tant dans la mosquée, mais surtout autour, sont très familiers, on nous vend du grain et ils viennent becqueter jusque dans nos mains. Ils sont précieusement gardés, et il est bien défendu d'y toucher.

La nuit approche, nous avons vu l'essentiel, nous rejoignons l'*Equateur* qui lèvera l'ancre demain matin.

Quelques renseignements : les femmes, ici comme à Smyrne, ne se montrent guère et sont voilées en noir, ont leurs compartiments réservés dans les bateaux ; tous les hommes portent le fez, calotte rouge plus ou moins foncé avec gland à franges. Si peu qu'on touche à l'administration, cette coiffure est de rigueur. Ici pas de vélos ni d'autos ; mais des voitures et surtout des chevaux excellents.

Les rues sont mal entretenues, il y a en pleine ville des trous assez fréquents que les chevaux évitent par habitude.

Le sultan actuel est ennemi du progrès, aussi on voudrait bien le voir disparaître. Il y a peu d'impôts, la vie y est à très bon marché ; mais certaines choses produisent beaucoup au sultan, ainsi le pont de Galata dont j'ai parlé est payant et rapporte environ cinquante mille francs par jour. Cela n'est pas étonnant vu la foule qui y passe.

On parle beaucoup français; ici deux ou trois journaux en tout, dont un s'imprime en français, le *Journal de Stamboul*.

La plupart des constructions sont en bois à cause des tremblements de terre qui sont assez fréquents ici; néanmoins ce qui se fait actuellement, se fait en pierre, ou du moins mélangé.

Les Turcs sont très exploiteurs, avec de l'argent ici on fait tout ce qu'on veut, le système des pots de vin y est, paraît-il, très florissant.

Le climat de Constantinople est très changeant et par cela mauvais et aussi parce qu'il y pleut beaucoup ; la malpropreté, les mauvaises odeurs qu'on respire constamment sont causes qu'il y a beaucoup de fièvre typhoïde et, paraît-il, il faut y être acclimaté pour s'y bien porter.

*Le 23 Mars.*

L'*Equateur* s'ébranle et remarche sur Smyrne où nous arrivons à 3 heures après midi, après avoir repassé le détroit des Dardanelles.

Cette fois tout le monde est libre, les uns vont à Ephèse où il y a des souvenirs religieux, les autres ailleurs.

Nous partons six, hommes et dames, dans deux voitures, accompagnés par le très aimable chanoine Polycarpe de Smyrne, que nous connaissons déjà, en excursion au mont Pagus qui domine la ville de très haut. De là une superbe vue se déroule : au levant, on a Smyrne à ses pieds et de là on peut examiner en détail ses beaux quais et le port rempli de navires ; au couchant, la belle vallée d'Ephèse sillonnée par la ligne du chemin de fer, et quantité de ruines romaines. C'est ici que saint Polycarpe, archevêque de Smyrne, a été brûlé pour avoir refusé de renoncer à sa foi. A cet emplacement il y a un tombeau, mais ses restes n'y sont pas. Ce tombeau, qui est gardé par deux Turcs, homme et femme, auxquels on donne un franc, jouit d'une grande dévotion ; les musulmans même viennent y demander leur guérison et l'obtiennent assez souvent, ainsi qu'en font foi les nombreux *ex voto* qu'ils laissent en partant.

Ces marques de reconnaissance ne sont pas, comme chez nous, des cœurs ou autres objets en or, ce sont tout simplement de petits morceaux d'étoffe piqués dans un arbre avec des épingles. Cela n'en atteste pas moins avec sincérité qu'ils ont été exaucés par ce grand saint. Nous retrouverons encore ailleurs la preuve de la confiance que ces gens accordent à nos saints.

Près de là se trouvent les ruines d'un immense château des Romains et Génevois, détruit par les croisades ; on y voit encore les sous-sols où on logeait les chevaux et les voitures. Je remarque en passant un tas de petits cailloux entouré d'un petit mur ; c'est, nous dit notre guide, le tombeau d'un saint turc où chaque musulman qui passe jette une pierre ; quand il y en a trop, on les enlève et on recommence.

Nous sommes montés par un côté de la montagne, nous redescendons de l'autre, promenade très pittoresque, d'autant plus que c'est vendredi, le dimanche des musulmans, comme je l'ai déjà dit, et que tout est oisif là-haut, et en fête et en amusements.

En revenant, on traverse quartiers turcs, quartiers grecs, quartiers juifs, puis quartiers européens ; partout il y a foule compacte, et en outre on rase, on fait la cuisine et beaucoup d'autres choses sur le bord des rues déjà fort étroites.

Dans cette ville, comme du reste presque partout l'Orient, l'on est exploité à outrance ; s'ils vous rendent de la monnaie, impossible d'avoir son compte. Cette malhonnêteté chez eux s'accorde très bien avec la sagesse ; on les voit spontanément, n'importe où, dans les bazars, dans la rue, se jeter à genoux en se tournant du côté de La Mecque, et prier avec ferveur.

Ces musulmans ou mahométans, ce qui est la même chose, n'aspirent qu'à faire le voyage de La Mecque, au tombeau de Mahomet. Ceux qui peuvent le faire ont la certitude d'être sauvés ; ils forment un ordre à part et portent l'insigne de l'ordre à leur coiffure. Les plus fanatiques se font crever les yeux à La Mecque, afin de se séparer complètement des jouissances de ce monde. Il n'y en a qu'un petit nombre qui puisse faire ce pèlerinage, le voyage est très long et très pénible ; mais un chemin de fer, qui est commencé déjà, ira plus tard jusque-là.

Une bizarrerie qui m'a frappé chez ces gens-là, beaucoup ont dans les mains un chapelet ordinaire à gros grains qu'ils égrènent ; ils prient donc avec cet objet ? Non, me répond M. le chanoine, c'est un passe-temps pour eux, beaucoup ne font rien, et inconsciemment ils se servent du chapelet comme vous de votre canne.

Il fait toujours très beau et surtout très chaud, grande soif ; j'offre de la bière à notre aimable cicérone, auquel nous disons adieu et dont nous conserverons un précieux souvenir. Nos bateliers nous ramènent en France, c'est-à-dire à l'*Equateur* de Marseille.

*Le 24 Mars.*

Levée de l'ancre à 10 heures du matin ; de mémoire d'homme, les matelots n'ont vu aussi longtemps temps si beau et mer aussi calme ; il n'en sera pas ainsi au retour.

La journée se passe en mer, nous marchons sur Rhodes. A deux heures après midi, grand vent, mer houleuse. A cinq heures, nous sommes en face de l'île de Samos, la mer devient mauvaise, les voyageurs se sentent mal, nous allons bientôt, je crois, savoir ce que c'est que ce fameux mal de mer ; je suis pincé, je me couche ; cela se passe vite au lit, je ne vomis pas, ce qui arrive à beaucoup d'autres. Une accalmie se produit qui dure jusqu'à une heure avancée de la nuit ; à ce moment une véritable tempête s'élève, on ne se lève pas, mais on est dans des transes impossibles pendant une heure qu'on trouve longue. Le beau temps revient et ne nous quittera plus jusqu'à Beyrouth.

**_Le Dimanche 25 Mars._**

Arrivée en face de Rhodes à 7 heures du matin, repartis à 9 heures.

On est relativement près de la ville, les indigènes assaillent le bateau avec leurs produits, objets de toutes sortes qu'ils nous font 3 ou 4 francs et qu'ils nous laissent pour 10 sous, tant pis pour les naïfs. La mer est douteuse ; je ne vais pas en ville sur les conseils du commandant qui nous dit que ce n'est pas prudent, car la mer en une demi-heure peut devenir très mauvaise et alors les petites barques ne peuvent plus revenir au navire. Quelques-uns des nôtres, chez qui l'enthousiasme emporte tout, y sont allés et ont pu revenir facilement, ce qui est assez rare.

L'île de Rhodes est composée de beaucoup de villages et petites villes, et de la ville de Rhodes, résidence des anciens chevaliers. On remarque beaucoup de moulins à vent auxquels on amène de fort loin moudre le grain. On voit aussi les piliers où reposaient les pieds du colosse de Rhodes, écartés d'une dizaine de mètres l'un de l'autre. Cette statue colossale a été détruite par un tremblement de terre.

Le climat de cette île est très doux pendant l'été, les Egyptiens y viennent en villégiature, le sol est très fertile, beaucoup de fruits de toutes sortes, végétation splendide quoiqu'il ne pleut pas pendant sept mois de l'année. La ville a environ quinze mille habitants, et l'île tout entière deux cent mille environ.

Nous sommes ici sur les eaux où s'est livrée une terrible bataille navale où les chevaliers ont résisté d'une manière sublime, et où ils n'auraient pas succombé s'ils n'avaient été trahis. Une masse de Turcs et grande quantité de vaisseaux ont péri ici.

**Le 26 Mars.**

On se lève en face de l'île de Chypre, on passe assez près, on aperçoit des villes et des villages, on ne s'arrête pas, on file sur Beyrouth où on arrive à cinq heures du soir. Nous faisons nos adieux à l'*Equateur* qui continue son voyage, et dont nous conserverons un si bon souvenir.

Mêmes scènes de sauvagerie qu'à Smyrne, si ce n'est pis, mais débarquement assez facile. A la douane on nous serre de près, on nous bouscule, on veut visiter les passeports, les bagages, c'est impossible, vraie débâcle qui dure trop longtemps et produit sur nous tous un véritable découragement. Il faut en finir, notre directeur donne un louis ou deux, c'est ce qu'on voulait et nous sommes libres.

Vite nous arrivons à l'hôtel d'Angleterre qui est proche; là on nous répartit dans trois hôtels voisins, nous allons reconnaître nos logements, et revenons tous au premier hôtel. Nous prenons place aux tables qui sont préparées depuis longtemps, il est grand temps, la faim et la soif commencent à nous talonner. Bon souper, bon gîte, la gaieté renaît rapidement.

A Beyrouth il pleut très souvent, aussi trouvons-nous de la boue en arrivant, dans de mauvaises rues creuses et étroites et presque pas éclairées. Nos hôtels donnent sur la place principale de la ville où se tiennent à toute heure des voitures à la disposition des excursionnistes. Ce n'est pas l'heure de parcourir la ville le soir, nous y renonçons, et avec deux de mes amis nous faisons une promenade à pied. Un bruit de tam-tam attire notre attention, c'est un café-concert, je crois le seul important qu'il y ait ici ; nous y entrons et nous y passons ma foi une agréable soirée. Je sais bien que pour des pèlerins c'est un peu risqué, et que les gens bien pensants en seront scandalisés ; mais que voulez-vous, quand on vient jusqu'à Beyrouth, une seule fois dans sa vie, on est bien curieux de connaître le pays dans ses mœurs et ses habitudes.

Ce théâtre est confortable pour le pays ; il y a des loges, occupées par des personnages, mais tout à l'oriental, manquant d'élégance et de propreté. Nous nous asseyons sur des chaises, au parterre, on nous regarde avec bienveillance, on observe si nous avons l'air satisfait du spectacle, nous y répondons de notre mieux en applaudissant comme eux, ce qui a l'air de les charmer énormément. Aussi nous manifeste-t-on une réelle sympathie ; lorsque nous voulons sortir, le spectacle n'étant pas terminé, on se démène pour nous le faire comprendre et on nous fait rasseoir, on ne veut pas que nous en perdions une bribe. Bref le spectacle se compose de chants, danses, jeux de toutes sortes qui nous amusent beaucoup, quoique nous n'y comprenions rien, et se termine par une pantomime que nous comprenons aussi bien qu'eux. Regagnons vite l'hôtel, nous avons grand besoin de dormir.

*Le 27 Mars.*

De bonne heure nous sommes debout, et en attendant l'heure du départ, du balcon de l'hôtel nous jouissons d'un coup d'œil très intéressant. Ce sont les habitants des montagnes du Liban qui amènent au marché leurs produits, ce sont des files de chameaux de sept ou huit guidés par un âne sur lequel est le patron, et tous attachés par une corde ; ces pauvres animaux, dont on tire si grand parti, n'ont pas l'instinct de se conduire, et ne peuvent seuls suivre un chemin. Aussi des bandes de petits ânes chargés qu'on chasse devant soi, et des gens à pied, les femmes surtout portant les fardeaux, tout cela dans leurs accoutrements bizarres.

A 7 heures du matin, après avoir fait ample provision d'oranges, seul moyen de nous désaltérer en route, nous prenons le train de Damas qui va nous emporter à travers les montagnes du Liban. Le ciel nous favorise, il fait un temps magnifique, pas un nuage ; ce voyage sera vraiment enchanteur. Le paysage, au départ, est très beau et varie tout le temps, on monte déjà, on trouve des gares, de forts jolis pays. Oh ! les jolies fleurs, les jolis arbres, tout cela nouveau pour nous ; à partir d'ici, il n'y aura que le peuplier que nous pourrons reconnaître en Orient, il paraît qu'il est universel, il pousse partout.

On monte, on tourne, de temps en temps Beyrouth reparaît dans tous les sens, quels beaux coups d'œil. Les arrêts sont fréquents, on descend, on cueille des fleurs. Quelquefois on change la locomotive de bout et on continue à monter ainsi jusqu'à 1,300 mètres d'altitude.

Il y a beaucoup de pays, entre autres une ville de vingt mille âmes. On cultive le blé en gradins sur la pente des montagnes, dans les rochers, partout où il y a un peu de terre. A une gare importante, il est midi ; arrêt d'une demi-heure. Au buffet, des tables assez bien servies nous attendent, on se précipite, on a faim et soif, on attaque, on dévore les plats qu'on arrose largement de vin du Liban qui est très appréciable.

La demi-heure est passée, on est bien restauré ; on repart gaiement, tous de bonne composition.

La seconde partie du voyage varie toujours, on traverse des vignes, des cultures, des prairies importantes, on aperçoit des neiges, nous allons les atteindre, puis nous redescendrons sur Damas.

Plus on se rapproche de Damas, plus les maisons sont primitives, plates, adossées à la montagne et couvertes de terre. De temps en temps, des troupeaux de chèvres en quantité, toutes noires et des vaches noires aussi ; beaucoup de longues caravanes de chameaux et d'ânes emportant toutes sortes de marchandises, des abris près des sources pour les haltes de ces caravanes.

Nous redescendons d'une manière vertigineuse, la couleuvre de fer nous emporte par les ravins, les abîmes, des fissures, des tunnels, des vallées, dont le fond étroit est fertile, mais dont les côtés sont d'affreux déserts nus et rocailleux. La ligne passant sur le flanc des montagnes, on a très souvent d'un côté la montagne très élevée, de l'autre le précipice. Ce côté du Liban est habité en grande partie par des maronites; cette religion est absolument la même que la nôtre, ils sont soumis au pape comme les catholiques; la seule différence qui existe, c'est que les prêtres se marient. C'est une tolérance du pape, je ne sais pourquoi. Ces explications nous ont été données à Nazareth par un prêtre maronite dont nous avons visité l'église, homme imposant, et dont le costume ne diffère de celui de nos prêtres que par la coiffure qui est une calotte noire et haute chez les maronites.

Les principaux produits du Liban sont les citronniers, les palmiers, les figuiers, les mûriers, les amandiers, les pruniers, les pêchers et la vigne. Les beaux cèdres du Liban ont disparu, le gouvernement turc les a fait tous abattre lors de l'expédition française en 1860. Il n'y en a plus que quelques-uns du côté de Tripoli où nous n'avons pas passé et qu'on conserve à titre de curiosité! Lors des massacres de Syrie en 1860, les troupes de Napoléon III sont venues jusqu'au milieu du Liban, à peu près à l'endroit où nous avons dîné à midi, et alors les massacres ont cessé; par la pendaison de huit pachas, les auteurs de ces massacres, le Turc ayant donné satisfaction à la France, les troupes ont reçu l'ordre de revenir et ne sont pas allées à Damas.

A une distance encore grande de Damas, nous trouvons la source du Barada qui va en s'élargissant et alimente toute la ville de Damas en la traversant.

Nous arrivons à Damas à 5 heures du soir, les voitures nous attendent à la gare et nous emportent dans un nuage de poussière au grand hôtel d'Orient. Ici, on peut tous nous loger, c'est grand, c'est neuf, c'est peut-être l'hôtel le plus confortable de la ville. Décidément nous devons rendre cette justice à M. Potard qu'il ne lésine pas pour nous procurer le bien-être. Bonne table, bons lits, une petite promenade le soir après dîner, puis le repos comme complément d'une si belle journée.

*Le 28 Mars.*

Notre première visite à Damas est pour le patriarche, c'est-à-dire l'évêque. Ce prélat très imposant nous reçoit avec une grande affabilité, nous offre de l'excellent cognac et des bonbons orientaux; aussi des cigarettes. Quelques dames en acceptent par contenance; un valet présente du feu, embarras des dames qui piquent un soleil et s'empressent de remettre sur le plateau la délicieuse petite cigarette. Tout cela, habitudes orientales.

Nous allons ensuite visiter le beau pensionnat des frères lazaristes. Il y a là trois cents élèves, musulmans, juifs et très peu de chrétiens. Une chose admirable, c'est que tous ces enfants, même les grands, quoique de religions différentes, s'accordent et se respectent, ne se froissent jamais. Nous avons, nous dit le supérieur, les enfants des hauts fonctionnaires et des plus grandes familles des musulmans, eh bien!

les parents sont très bons pour nous, nous font beaucoup de cadeaux ; bel exemple de tolérance dont nous pouvons faire notre profit. On enseigne ici trois langues, comme du reste dans toute la Palestine, l'arabe, l'anglais et le français, c'est obligatoire ; j'en reparlerai plus tard.

Le supérieur nous engage à monter jusqu'au-dessus du bâtiment, sur le toit, appelé ici la terrasse, d'où l'on domine complètement la ville. On se rend alors compte du genre de constructions : tous les toits sont plats, en pierre de taille ou simplement en terre ; une terre très argileuse ; du reste, ici, il ne pleut que l'hiver.

A Damas, les souvenirs religieux sont déjà nombreux. On nous mène voir la maison d'Ananias, la fontaine où a été baptisé saint Paul, la porte ou plutôt le mur du haut duquel on a descendu saint Paul dans un panier pour le sauver du massacre, le jour où il s'enfuit à Jérusalem. Nous visitons une église catholique, puis, une seulement, la plus importante des nombreuses mosquées qu'il y a ici comme dans toutes les villes. Cette grande église musulmane a été aussi, comme Sainte-Sophie de Constantinople, une église catholique dont on a dépouillé notre culte. On remarque avec surprise dans cette mosquée le tombeau de saint Jean-Baptiste. Il y a treize ans, cette mosquée a été détruite par un incendie, le tombeau n'a pas souffert ; on l'a reconstruite d'une manière somptueuse, et on a embelli richement le célèbre tombeau qui jouit chez les musulmans d'une grande vénération. Ici aussi ils viennent à notre saint demander des guérisons, faveurs attestées par les nombreux *ex-voto* qui garnissent un vitrail à côté, comme ceux que l'on voit au tombeau de saint Polycarpe.

L'après-midi, de bonnes voitures nous font parcourir la ville, les grands bazars, toujours assez malpropres, puis, sur le soir, nous transportent en haut d'une montagne renommée, pour jouir du beau panorama de la ville et assister de là au beau coucher de soleil sur Damas ; coup d'œil réellement féerique et qui est une des principales curiosités du séjour.

Inutile d'ajouter qu'il fait beau temps ici, pas un nuage, il fait déjà très chaud, et nous commençons à utiliser les ombrelles dont nous nous sommes munis au départ. Les rues ne sont pas trop mauvaises, de la poussière jusqu'à la cheville, des chiens en liberté aussi beaucoup, ville très mal éclairée par des falots huileux suspendus. Nous sommes encore ici près de la principale place, traversée par le Barada, encaissé, muré comme une écluse de canal.

Avec un de mes amis, curieux comme moi, je vais au concert sur la place, à peu près ce qu'il y a de mieux en ce genre. Nous assistons à des chants et des danses orientales qui n'ont rien d'attrayant du tout. Les cafés ici sont de construction rustique, construits avec des bois debout, un plancher à 1$^{m}$ 50 du sol, le tout très mal couvert et pour ainsi dire en plein vent. Les musulmans, dont la plupart ne font rien, vont là fumer du narghileh dans leurs appareils assez semblables à de grandes carafes d'eau, d'où sort un très long tuyau en caoutchouc avec embouchure à l'extrémité ! Ils boivent du café et de l'eau, les seules consommations permises aux disciples de Mahomet ; car, je vais le dire ici une fois pour toutes, toutes les boissons fermentées sont interdites aux musulmans par leur religion, sous ce rapport ils sont incorruptibles. Aussi ne boivent-ils jamais, ni vin, ni eau-de-vie, ni bière, ni liqueurs d'aucune sorte. Je ne sais si c'est à cela qu'il faut attribuer la bonne mine des enfants, signe d'une santé florissante, et l'air enjoué avec lequel ils sollicitent notre générosité en nous disant : « Bacchich, Bacchich, Monsieur, c'est-à-dire donnez-moi des sous. »

Un mot pour finir ; la ville de Damas va être sous peu éclairée à l'électricité. Il y a bien à Damas comme à Smyrne près de 300,000 habitants.

*Le 29 Mars.*

A six heures du matin, départ de Damas par le chemin de fer de La Mecque, dont il n'existe encore qu'un tronçon, et au bout duquel nous changerons de ligne. Au départ, de grandes plaines dans lesquelles on cultive du blé, pas un arbre, pas un habitant, puis d'autres plaines désertes, hérissées de roches grosses plus ou moins comme des moutons, puis nous apercevons quelques villages qui ressemblent à des forteresses en terre.

Des gares, de loin en loin quelques arrêts. Beaucoup de chameaux aux pâturages, des caravanes, des habitants drôlement vêtus, il parait que nous sommes dans le pays des Druses, il ne ferait pas bon s'y égarer.

Le paysage est d'autant plus triste qu'il pleut abondamment. Ce sont les plaines de l'Haouran dont nous allons traverser les montagnes tout à l'heure. Pas de routes, des chemins à chameaux à travers champs ; dans cette mélancolie, combien on pense à la France et à ceux qui nous sont chers.

Il est midi, nous changeons de ligne, l'appétit s'aiguise, et nous nous demandons quand nous pourrons le satisfaire ; lorsque notre directeur, sans dire gare, se met à nous distribuer des vivres : pain, vin, viande froide, fromage, chacun une orange, de quoi faire un excellent repas. Oh ! la bonne surprise qui est d'autant plus appréciable, que personne ne s'y attendait. La gaieté renait bien vite, le vin est bon et comme il délie les langues...

Nous roulons rapidement dans les montagnes de l'Haouran sur cette nouvelle ligne qui n'est pas encore complètement terminée, sans nous douter, heureusement, du grand danger que nous courons. Notre train est le premier qui passe sur cette ligne, et notre directeur a, paraît-il, donné une forte somme pour l'obtenir comme train spécial. Nous sommes arrivés à bon port à notre destination ; mais quelle ne fut pas notre émotion lorsque nous apprimes, quelques jours plus tard, qu'un train d'essai comme le nôtre, qui est passé les lendemains, a déraillé et qu'il y a eu vingt tués et de nombreux blessés.

La ligne dans ces montagnes, comme au Liban, est taillée dans le flanc, d'un côté en tout temps le précipice. On descend, on change la locomotive de bout, on arrive à travers le torrent sur un pont qui n'est pas terminé et sur lequel on passe très lentement, puis on remonte les montagnes opposées. On y trouve des oasis, des pélicans et plusieurs sortes d'échassiers ; les bêtes fauves n'y sont pas rares, nous apercevons un loup. Pas d'habitants, uniquement les stations. Des camps de soldats turcs, c'est la troupe qui construit cette ligne. A une station où il y a arrêt, ils nous font visiter leurs tentes ; ils sympathisent avec nous ; du reste, partout j'ai remarqué que le soldat turc est très accommodant et a beaucoup de respect pour le Français.

Enfin à quatre heures du soir, à l'extrémité de cette ligne, le train nous dépose au bord du lac de Tibériade, mais au bord opposé à la ville de ce nom. Là les barques nous attendent avec deux guides, dont un père franciscain de Tibériade. Cet embarquement est très mouvementé, les bateliers dépassent en scène de sauvagerie tout ce que nous avons vu jusqu'ici. Ils veulent tous nous avoir dans leurs barques, nous prennent nos valises, nous tirent par les bras, font un vacarme effrayant, au point que je me demande avec anxiété comment cela finira. Enfin le père finit par leur faire entendre raison. Les barques ne sont pas complètement à bord, les hommes y sautent tout de même et rien de drôle comme de voir ces rustiques descendants de saint Pierre prendre entre deux chaque dame à la grappe, et la déposer dans la barque.

Le lac est heureusement très calme (il est souvent dangereux, et cela sans orage, grâce à des effets volcaniques); nous suivons les côtes et nous arrivons sans encombre à Tibériade. Nous sommes une dizaine par barque et trois rameurs. Autant ces hommes se démènent au départ, surtout à cause des pourboires, autant ils sont calmes ensuite. Malgré la pluie, ils n'ont que des maillots, et suent sang et eau pour lutter à qui arrivera le premier.

Nous voilà au débarquement, même manège qu'au départ, reprise des dames de la même manière, moyennant bacchich. Nous débarquons juste au couvent des pères franciscains avec lesquels nous allons faire connaissance, et que nous ne quitterons plus qu'à notre départ de la Palestine.

A six heures du soir, ici, il fait une chaleur accablante qui, jointe à la grande fatigue, nous décourage un peu. Souper passable, bon lit; après une prière à la chapelle, on va bien dormir et demain on sera complètement remonté. Un orage qui éclate dans la nuit est bien fait pour nous inquiéter pour le lendemain, car nous devons passer la journée tout entière à cheval.

*Le 30 Mars.*

Ici le mauvais temps ne dure pas, aussi nous réveillons-nous le matin avec un beau temps surprenant. Après un petit déjeuner assez confortable, nous nous préparons au départ. Nous n'aurons donc fait que coucher ici où il n'y a rien du tout d'attrayant.

Tibériade a plusieurs mille habitants. C'est triste, fort mal bâti, et cela paraît bien pauvre. Il y a peu d'industrie. Des jeunes filles viennent jusque dans la cour du couvent nous offrir des dentelles et des bimbeloteries. Ici elles ne se cachent pas le visage; ce serait du reste grand dommage, car elles sont fort jolies; on est frappé de leur ressemblance avec la figure de la sainte Vierge.

Donc, dès le matin, nous sortons de la ville et trouvons au rendez-vous, à un endroit fixé, les Arabes et Bédouins avec leurs chevaux sellés qui doivent nous transporter à cheval, au mont Thabor le matin, et à Nazareth l'après-midi.

Chacun choisit un cheval, point d'ânes, et la caravane s'ébranle.

Ces chevaux sont très faciles, ont le pied solide, ont une très grande endurance, quoiqu'ils ne paraissent pas vigoureux et sont mal nourris ; mais quel harnachement, de la friperie, des selles ficelées avec de mauvaises cordes, des étriers de même, que les maîtres de nos chevaux descendent ou remontent suivant le besoin. Les dames qui n'ont jamais monté à cheval font bonne contenance. Nous sommes quarante-deux, les autres iront en voiture directement à Nazareth en passant par Cana. Comme guide, le père Ignace, un franciscain qui va nous servir de cicérone pendant tout notre séjour en Palestine, et un drogman, cavalier émérite ; tous deux galopant à nos côtés, rectifiant, recommandant, gourmandant un peu au besoin. Rien de gai et de charmant comme ce bariolage de pèlerins à la queue-leu-leu. Il fait frais et très bon au départ ; mais le soleil se fait bien vite sentir. Une dame ouvre son ombrelle, le cheval s'effraie, la désarçonne et la dépose en désordre, heureusement que nous sommes encore sur le terrain doux et détrempé. On s'empresse ; il n'y a rien de cassé, on la remet en selle et en avant.

L'horizon est grand, les montagnes de la Galilée sont peu élevées ; nous traversons de grandes vallées, des marécages où les chevaux enfoncent jusqu'aux genoux, puis des rochers entre lesquels ils ont juste de quoi mettre le pied. Nous passons sur des champs de batailles célèbres ; on nous montre l'endroit où Napoléon I^er^ vainquit les Turcs et en jeta six mille dans le lac de Tibériade, puis nous arrivons au pied du mont Thabor.

A cet endroit, nous rencontrons un pèlerinage de 700 ou 800 Russes, Grecs, de pauvre apparence, qui descendent du Thabor où ils ont reçu l'hospitalité dans un couvent de leur religion. Tous ces gens sont à pied, excepté leurs prêtres qui sont sur des ânes, sont sales, mal vêtus et, en vrais pèlerins, portent des paquets avec des bâtons, du biscuit dur dont ils se nourrissent la plupart du temps. Ces pèlerins ont certainement plus de mérite que nous, qui sommes des enfants gâtés.

Le Thabor, 1,000 mètres d'altitude, nos chevaux grimpent dans la montagne dans des chemins trop étroits, taillés dans le rocher; pas un ne cloche, heureusement, on est toujours d'un côté sur le bord du précipice. On n'est pas trop rassurés. « Laissez-les faire, ne les gênez pas », nous dit le père Ignace qui monte à cheval comme un chasseur d'Afrique; « ne vous inquiétez pas, ces chevaux sont très sûrs, ils ont meilleur pied que nous. »

Il est midi, nous arrivons en haut au couvent des pères franciscains. Après une visite à la chapelle, nous passons à table où nous attend un très bon dîner auquel nous faisons le plus grand honneur. Ces excellents religieux dont nous n'aurons qu'à nous louer partout où nous les retrouverons, nous font une réception enthousiaste; bonne chair, bon vin qu'ils nous servent eux-mêmes avec la plus extrême affabilité. C'est ici qu'a eu lieu la transfiguration.

Après dîner nous visitons ici des ruines très importantes, puis nous redescendons la montagne à pied, cela ne pourrait se faire à cheval. Nous trouvons nos chevaux en bas dans un pré en train de se repaître, vite à cheval, et en route pour Nazareth. Je dis tout le monde à cheval, vous avez dû comprendre déjà, qu'ici il n'y a pas d'amazones, cela ajoute à la gaieté, les curés à cheval et les dames surtout, cela sort de l'ordinaire.

Du Thabor à Nazareth, le trajet se continue dans les grandes vallées, les rochers, à peu près identique à celui du matin. Quatre heures de cheval, nous arrivons à Nazareth ; nous avons fait six heures ce matin, cela suffit grandement, on ne dit pas ce qu'on en pense. Et les Arabes et Bédouins, maîtres de nos chevaux, qui ont fait ce trajet à pieds nus !

Notre arrivée est annoncée, les cloches se mettent en branle, nous nous plaçons de notre mieux et nous faisons notre entrée solennelle au milieu d'une partie de la population qui s'est portée à notre rencontre. Arrivés sur une place devant la Casa-Nova des pères franciscains, nous quittons nos chevaux que leurs propriétaires remmènent chez eux, à l'exception de dix qui se dirigent sur le mont Carmel et qui sont réservés pour ceux des nôtres qui ont décidé de faire l'excursion de la Samarie.

Casa-Nova veut dire ici hôtellerie, que les franciscains, de même que les assomptionnistes, ont construite pour loger les pèlerins et même les autres caravanes, il suffit pour y être admis de démontrer qu'on est catholique.

Il n'est pas encore nuit, nous faisons notre entrée, et ressortons de suite pour nous rendre en procession, bannière en tête, à l'église de l'Annonciation, qui est tout à côté. Une foule de monde fait la haie avec un air de contentement et de grande sympathie. Du reste, nous savons qu'ici on est beaucoup plus chrétien, et c'est une grande joie pour nous.

Après cette courte visite à l'église, nous rentrons; on nous distribue les chambres et nous passons à table où un bon souper nous est servi par ces bons pères qui, par un raffinement d'attention, nous font boire comme extra un excellent vin jaune. Inutile de dire que nous avons retrouvé, en arrivant, nos amis qui sont venus de Tibériade en voiture, véritable pénitence à laquelle ils ne s'attendaient pas ; ballottés, éreintés, dans des mauvais chemins où on perdait les valises, de 8 heures du matin à 6 heures du soir pour ainsi dire sans boire ni manger.

La Casa-Nova est un établissement splendide, de construction récente, très vaste, des corridors et des escaliers à s'y perdre, grandes et belles chambres dans lesquelles nous sommes quatre dans chaque, et parfaitement à notre aise. Bons lits entourés de tringles de fer auxquelles est fixée une espèce de tulle qui ferme complètement le lit, et à travers lequel on voit parfaitement clair. Ce sont des moustiquaires que nous avons trouvés à nos lits depuis Damas, et que nous retrouverons partout et tout particulièrement en Egypte. Les moustiques ici, l'été, sont une véritable calamité, aussi il ne fait pas bon négliger de bien fermer son moustiquaire ; on en est quitte pour se gratter jusqu'au sang toute la nuit sans savoir pourquoi ; mon ami, M. Besse, en sait quelque chose.

*Le 31 Mars.*

Ce matin, dès notre lever, comme hier à l'arrivée, nous sommes assaillis par une foule de gamins et même de grand garçons qui nous offrent des objets de piété, des cartes postales, de petites charrues en bois, faites avec le couteau, une quantité de choses, je crois même que c'est ici leur principale industrie, avec celle de mendier : « Monsieur, bacchich » ; ils parlent tous français. Ils vous entourent, vous barrent le passage, sont tellement importuns qu'ils pénètrent jusqu'à l'intérieur de l'hôtellerie, et qu'il faut un soldat turc, une cravache en mains, pour les mettre à la raison. On donne comme cela des soldats aux pères en différentes circonstances.

A 8 heures du matin nous assistons à la grand'messe à l'église de l'Annonciation, sermon par le père Ignace, puis les explications commencent.

Avant de continuer, je tiens à vous faire connaître les franciscains et tout particulièrement le père Ignace.

L'ordre des frères franciscains est un des plus anciens, il a été fondé par saint François d'Assise en Italie. Le costume de ces religieux consiste en certains vêtements légers, recouverts par un manteau à capuchon, couleur brune. Les jambes et les pieds nus, auxquels sont fixées des sandales, par des tresses, comme chez les capucins. Une large tonsure sur la tête recouverte par une petite calotte. Cet ordre est très sévère ; un de ces frères me disait : il n'y a pas bien longtemps qu'on nous gratifie d'un cercueil pour nous enterrer, avant on nous jettait tout simplement la terre sur le corps. Nous les appelons mon père, c'est l'habitude.

Le père Ignace est un homme d'environ trente-cinq ans, pas grand, plutôt sec, très alerte, très vigoureux, le menton orné d'une grande barbe un peu rousse, qu'il aime à caresser de la main. La barbe est obligatoire pour tous, mais ils l'ont plus ou moins longue. Ajoutez à cela la bonté même, une patience inlassable et humble et modeste comme tous les savants. Nous sommes attachés à lui, il nous appartient et il nous expliquera tous les lieux saints.

J'ai dit une grande patience, il en faut aussi une forte dose avec les pèlerins qui souvent l'accablent de questions. Ainsi les demoiselles un peu âgées, on ne s'ennuie pas à leur société, surtout lorsque comme celles-ci elles ont beaucoup d'esprit ; ces demoiselles, dis-je, questionnent beaucoup, sur un ton d'une douceur à vous arracher des larmes : « Mon père, mon père, est-ce que ce n'est pas ici qu'il s'est passé telle chose et là telle autre? — Attendez, attendez », répond-il gentiment, sans jamais laisser percer la moindre humeur.

Je reviens. L'église de l'Annonciation se trouve sur l'emplacement où se trouvait la maison de la sainte Vierge. La première église a été détruite par les musulmans, puis rebâtie par les croisades, puis redétruite. Ce n'est qu'en 1730 que les franciscains ont pu s'y installer et reconstruire l'église d'aujourd'hui sur les décombres des anciennes, et cela avec l'autorisation des musulmans. Aussi la maison de la Vierge se trouve-t-elle être la crypte où on descend par une rampe de dix-sept marches d'escalier. L'endroit où l'ange apparut est marqué à peu près, nous dit le père, seulement c'est là.

Nous avons visité ensuite la maison qui a été habitée par la sainte famille, puis l'atelier de saint Joseph. Ces logements se composaient de trois petites chambres, creusées comme des grottes dans la montagne ; on n'avait qu'à fermer le devant suivant l'usage de ce temps-là.

Nous continuons par la Synagogue d'où le Christ fut chassé par les Nazaréens qui le sommaient de faire des miracles. La foule le traîna pour le précipiter dans un précipice qui existe encore et qui est près de là ; comment put-il échapper à cette foule en délire ? Ce fut là un vrai miracle ; on y a élevé une chapelle.

Nous nous rendons ensuite à une autre chapelle dans laquelle se trouve le rocher tout brut sur lequel Notre-Seigneur prit un repas avec ses apôtres après sa résurrection. Leur ayant apparu à Jérusalem, ils ne voulurent pas croire qu'il était ressuscité ; il avait beau leur dire c'est moi, ces hommes, qui étaient tous d'anciens pêcheurs, bateliers de Tibériade, ne voulurent pas y croire. Vous n'êtes pas le Christ, lui disaient-ils, vous lui ressemblez seulement. Alors il leur dit : « Allez en Galilée et vous m'y trouverez. » Ce fut donc ici à Nazareth, sur ce rocher, qu'il voulut prendre un repas avec eux et que alors ils se prosternèrent et se rendirent à l'évidence. Une visite aussi à une église maronite. J'ai expliqué ailleurs cette religion, je n'y reviendrai pas.

Nous rentrons à Casa-Nova pour dîner. Je place ici une explication inédite qui nous est donnée comme les autres par le père Ignace : la loi juive reconnaissait deux caractères au mariage : 1° les fiançailles; 2° l'entrée de la mariée chez l'époux. A partir des fiançailles, tout ce qui se passait était légitime, mais le mariage n'était réellement définitif que quand la fiancée habitait avec son mari. Alors saint Joseph voyant la sainte Vierge en cet état était inquiet, mécontent, voulut la renvoyer à ses parents; c'est alors que l'ange Gabriel lui apparut et lui dit : « Joseph, tranquillise-toi, c'est par l'opération du Saint-Esprit, et ta femme sera la mère d'un Dieu. » Alors saint Joseph accepta sa mission et la continua jusqu'au bout.

Après dîner, nous nous séparons, les uns

prennent des voitures et partent en excursion à Cana, les autres dont je fais partie, avec M. Potard, vont visiter les pensionnats de la ville. D'abord les sœurs de Nazareth qui nous vendent des objets de piété et nous offrent de la chartreuse ; puis des autres religieuses, qui prétendent aussi avoir chez elle la maison de la sainte famille, qu'elles nous font visiter tout en essayant de nous convaincre ; ensuite le beau pensionnat des frères des écoles chrétiennes. Ici on nous offre du cognac ; le supérieur, fort aimable, nous fait visiter les classes, fait chanter en français, en arabe et en grec. Nous avons plus de trois cents élèves, nous dit-il, ils sont tous fort intelligents, mais pas travailleurs, s'accordent très bien quoique de religions différentes. Tous ces enfants, grands et petits, ont une figure joviale, enjouée, souriante, se lèvent spontanément à notre entrée, en un mot attirent à eux la sympathie. Ils sont mal vêtus et paraissent généralement pauvres. Les gens ici ne travaillent presque pas et ne connaissent pas le bien-être.

Il nous reste une visite à faire, c'est le bel établissement de l'orphelinat de l'adolescence de Jésus. C'est aussi un grand pensionnat dirigé par les frères salésiens de l'ordre de dom Bosco. Ce pensionnat est perché comme un nid d'aigle tout en haut de la montagne. Nous grimpons ferme pour y arriver. On est prévenu, la fanfare nous attend et nous fait entendre ses meilleurs morceaux. Ici beaucoup d'élèves aussi, même genre à peu près que chez les Frères de l'école chrétienne. On nous offre du bon vin, c'est assez vous dire qu'on ne nous néglige pas. En revanche nous laissons partout la pièce, on ne peut du reste faire une meilleure action. Encore une visite à un petit hôpital et nous rentrons enchantés de notre après-midi, certainement pour moi un des meilleurs que nous ayons passés.

Nazareth qui, au temps du Sauveur, était un petit village est aujourd'hui une ville de 7 ou 8,000 habitants, bâtie sur une colline rapide, aussi grimpe-t-on tout le temps dans les rues.

Nous nous retrouvons tous à l'heure du souper, où la bonne fraternité dont nous jouissons reprend son cours. Le pèlerinage des assomptionnistes vient d'arriver ; ils sont 145. On les attend ; tables et lits leur sont préparés.

*Le 1er Avril.*

Aujourd'hui dimanche nous avons la grand'-messe, puis temps libre jusqu'à midi. Après dîner, départ pour Caïffa et le mont Carmel.

Onze voitures se présentent ; bonnes voitures de voyage, couvertes, entourées de toiles imperméables qu'on ouvre ou qu'on ferme à volonté. Trois chevaux par voiture, deux cochers et quatre ou cinq pèlerins dans chaque accompagnés de leurs valises.

Au départ de Nazareth, bonne route sur un assez long parcours. Toujours de grandes vallées, l'horizon est vaste, le paysage enchanteur, végétation luxuriante, les montagnes peu élevées et peu nombreuses, de grandes plaines, des oliviers beaucoup, quelques villages pittoresques, et surtout les hôtelleries que nous reconnaissons à leurs enseignes arabes et françaises ; tout cela drôlement bâti, presque en plein vent. On voit qu'il fait très chaud ici, qu'il pleut rarement et qu'il ne gèle jamais, car les plantes grasses, les cactus par exemple, y poussent en haies très élevées et en plein champ.

Nous arrivons au pied d'une petite montagne très rapide où il faut mettre pied à terre pour permettre aux chevaux de monter à vide. Ce monticule est couvert de bosquets et d'arbres, ce qui est d'autant plus curieux qu'en Orient on ne voit jamais d'arbres forestiers. Il n'y a pas de forêts, aussi le bois de chauffage est très rare, j'en reparlerai.

Un peu plus loin nous perdons la bonne route, et jusqu'à Caïffa, la route est à travers champs comme presque partout. Nous parcourons un tronçon où on étend de la pierre; mais comment? des indigènes, hommes, femmes et enfants, transportent terre et pierre cassée dans des tabliers. A ce train-là on n'est pas près d'avoir des routes. Et cela se fait avec de l'argent qu'a laissé pour cela l'empereur d'Allemagne, frappé du mauvais état de la circulation en Orient.

Il fait beau temps, mais froid, on se rapproche de la mer, nous arrivons à Caïffa à six heures du soir.

Caïffa est un gros bourg ni propre ni élégant. Le bord de la mer est très joli, des jardins, de la verdure beaucoup et des plantations de pins magnifiques. Les voyageurs y débarquent et les marchandises aussi ; mais ce n'est pas un port important. Nous traversons, mais ne nous arrêtons pas. C'est bâti un peu à l'imitation de la France; on voit des églises; c'est dimanche, il y a un air de fête; on voit avec plaisir qu'on retrouve un pays chrétien. Les habitants ont un air très affable à notre égard et nous laissent un bon souvenir.

Nous montons en haut du Carmel, une heure au pas et nous y arrivons à la nuit. Nos voitures redescendent à Caïffa d'où elles reviendront nous prendre demain pour nous emporter à Jaffa.

Après la visite habituelle à la chapelle, nous passons à table dans un immense réfectoire où les airs jouent à volonté et les dalles sont glacées.

Le mont Carmel est élevé, 600 mètres d'altitude; il y pleut beaucoup; les orages sont très violents et très fréquents et il n'y fait jamais chaud, le vent y souffle tout le temps. Cela tient à la situation de ce mont qui est presque complètement entouré par la mer. On y jouit d'un coup d'œil magnifique, mais le séjour n'y est pas du tout agréable. Nous nous apercevons que nous ne sommes plus chez les franciscains, ici ce sont les carmes, on ne nous gâte pas à table et ceux-ci nous font regretter les autres. On n'est pas pèlerins non plus pour être toujours en banquets. Heureusement, les lits sont un peu meilleurs que les repas, nous allons largement en profiter.

*Le 2 Avril.*

Après le petit déjeuner toujours, nous avons la messe ainsi qu'un sermon du supérieur du couvent. Après nous avoir exhortés comme toujours, à ne pas être touristes, mais seulement pèlerins (c'est le refrain habituel), il nous explique l'établissement du scapulaire : le prophète Elie vivait au Carmel 900 ans avant la naissance de la sainte Vierge. Il réunissait ses disciples et prêchait dans les grottes que nous voyons ici, annonçant la venue de la Vierge. A cette époque il eut une apparition, mais en Angleterre, à Cambridge où il se trouvait, et non ici.

Ce prophète, désolé de voir que, malgré son zèle infatigable et ses prédications, les habitants de ces pays-ci adoraient toujours des idoles, demanda à Dieu une punition pour les châtier et les convertir. Alors pendant trois ans il ne tomba pas une goutte de pluie ; la terre se dessécha, plus de fruits, plus de récoltes, la famine et la désolation. Les populations implorent alors, demandent miséricorde ; et, c'est à ce moment qu'eut lieu, en haut d'une montagne que nous voyons très bien, ce qu'on appelle le sacrifice d'Elie. Le prophète sur cette montagne, ayant défié tous les prêtres idolâtres de tous les pays, les confondit, les convertit pour la plupart et demanda à Dieu qu'il mît fin au fléau de la sécheresse. Au même instant, il s'éleva de la mer un petit nuage qui s'étendit ; il plut abondamment et tout le pays fut dans l'abondance.

Les religieux nous vendent des scapulaires que nous faisons bénir d'une manière toute spéciale à la grotte d'Elie qui se trouve être la crypte de l'église d'aujourd'hui. Je me munis aussi d'un flacon de leur excellente liqueur dont on est sûr ici de l'authenticité.

Je ne quitterai pas le mont Carmel sans parler de deux monuments importants : le premier élevé à la sainte Vierge par la République du Chili, qui la prend pour patronne de ses armées ; le second élevé à la mémoire des soldats français, en commémoration d'un terrible épisode des guerres de Napoléon Ier. Bonaparte, après le siège malheureux de Saint-Jean-d'Acre (1799), fit transporter ses blessés au Carmel, pour être confiés au soin des religieux; les Turcs l'apprirent, pénétrèrent au couvent et égorgèrent jusqu'au dernier de ces malheureux, au nombre de deux mille.

Le dîner aujourd'hui a eu lieu un peu plus tôt, et à midi nos voitures nous reprennent et nous partons pour Jaffa.

Habituellement le trajet de Caïffa à Jaffa se faisait par mer, dans de mauvais bateaux que nous voyons amarrés, et dans lesquels ont failli périr des caravanes, en raison de ce que la mer dans ce parcours est presque partout mauvaise. Ajoutez à cela qu'à Jaffa elle est presque toujours furieuse, au point que les grands navires ne peuvent souvent pas y aborder. C'est donc une grande prudence de la part de M. Potard, notre directeur, de nous faire faire le voyage par la route, quoique, comme vous allez voir, si c'est curieux, cela n'a rien de très agréable.

Nous dégringolons donc le Carmel dans les pierrailles du côté opposé à Caïffa; nous longeons la mer, nous la quittons, y revenons, traversons des vallées au pied de montagnes élevées et arides et dans lesquelles sont creusées des grottes encore habitées par des bandits. Ils n'attaquent pas les caravanes comme la nôtre ; mais il ne faudrait pas, nous dit-on, s'y aventurer à moins d'une dizaine, et bien armés. Cette partie du trajet est agréable, la route n'est pas mauvaise, car il fait beau temps, et elle est sèche tout au moins ; car c'est à travers les champs et les sables. On y cultive le blé et l'orge ; j'ai vu ici, par hasard, une charrue comme celles de France.

On traverse des villages, toujours ressemblant à des casemates ; on voit des quantités de cactus formant des petits fourrés impénétrables ; on voit des jeunes femmes ou filles fort jolies dans des vêtements bariolés, portant avec une grâce exquise la cruche d'eau sur le côté de la tête. Ici les populations sont à l'aise ; avec les autres récoltes, il y a beaucoup de fruits et de vastes espaces en culture pour des villages très espacés.

Il est six heures du soir, nous arrivons à un gros bourg d'assez bon aspect, pas mal bâti du tout, mais quand même d'une civilisation qui laisse beaucoup à désirer. On nous attend ;

nous entrons dans la cour de la meilleure auberge, sans doute ; ce pays s'appelle Samarin. Dix pèlerins, dont une dame et une demoiselle, nous ont quittés au Carmel pour faire l'excursion de la Samarie à cheval, sous la conduite du père Ignace et du drogman (drogman veut dire chef de caravane, le fournisseur des chevaux et des voitures), et nous rejoindront à Jérusalem quatre jours après. Je reparlerai de cette excursion.

Nous avons laissé en route deux pèlerins malades, nous sommes donc encore quarante-six à loger à Samarin ; on ne reçoit pas souvent autant de monde à la fois dans cette bizarre hôtellerie plus que modeste. Ici, il ne faut pas penser au confortable et c'est le cas de dire : A la guerre comme à la guerre.

M. Potard, avec le patron, distribue les chambres et chacun y dépose ses valises. Les maîtres et les domestiques ne comprennent pas un mot de français, un de nos cochers nous sert d'interprète ; c'est aussi à cause de cela qu'il servira à table. Il y a quelques chambres en haut qui sont passables, elles sont bientôt prises, et le reste, on nous loge un peu partout.

Il s'élève bien vite un concert de plaintes ; des dames me montrent leur chambre : « Croiriez-vous, Monsieur, nous sommes quatre dans une chambre à lapins ; il y a même une chèvre. — Voyez, Mesdames, leur dis-je, nous sommes logés à la même enseigne. » Je comprends qu'on rechigne quand on est habitué comme ces dames, dont plusieurs sont des châtelaines. Il faut bien y passer ou coucher dehors et le temps ne promet pas, il fait froid. Pour comble, tous nos lits sont improvisés, des planches tout simplement, pas grand'chose dessus, et des couvertures à l'avenant.

Nous cherchons la table, elle est assez bien mise, luxueuse suivant le reste ; nous finissons par nous y placer, nous sommes serrés comme les moutons à la Villette, nous avons faim et soif, nous mangeons bien, on n'est pas mal servi, et surtout du vin à volonté. Après le repas, on retrouve la gaieté et l'entrain, et on se dispose à passer la nuit le moins mal possible. On bataille, on se couche tard, la nuit sera moins longue ; les demoiselles très adroites préparent les harnais de gueule pour la halte du lendemain, et cela sous la direction de

M. Potard qui passe une bonne partie de sa nuit en l'air.

Il est passé 10 heures, lorsque je vais rejoindre les quatre camarades qui font partie de ma chambrée. A mon âge, j'ai du souci ; je m'informe si pour cinq, nous avons au moins un ou deux objets indispensables sous les lits. Je finis par me faire comprendre, et on me fait voir qu'il y en a un sous chaque lit.

Comme éclairage une mauvaise lampe à huile sur un vieux bahut; l'air souffle, des carreaux d'une porte vitrée sont cassés, on y fourre des habits, une fenêtre ne joint pas, je la ferme, elle me reste à la main, il fait mauvais dehors et nous sommes exposés au vent. Enfin, je pique un morceau de bougie, et je leur dis : « Si vous avez besoin de lumière vous m'appellerez. » On éteint et on se couche. On est inquiété, on se tourne, on se retourne, il ne manquait plus que cela, sans doute il y a des punaises. Je rallume, un des nôtres, le chanoine d'Albi est pris d'une sainte frayeur, il a entendu remuer, craint les voleurs, et le voïlà à échafauder nos valises contre la porte pour la barricader. Cette fois on dort un peu.

Sur le matin, M. Cardès a besoin du meuble indispensable, il se sent un ruisseau dans les jambes et sur les pieds; je rallume vite et nous constatons qu'il a comme vase de nuit, devinez quoi... une passoire !

*Le 3 Avril.*

Le réveil a lieu à 3 heures. Après le petit déjeuner, départ à 4 heures. Pas de lanternes aux voitures, heureusement les cochers et les chevaux ont une grande habitude du chemin, du reste, le plus adroit qui est le chef, mène la première voiture. On voyage dans l'obscurité, encore à travers les pierrailles et les rochers ; à partir d'ici la route est dans les terres, les sables et les fondrières.

Le jour vient, le mauvais temps aussi ; le tonnerre s'en mêle, et tous les quarts d'heure nous avons un petit orage, un petit nuage, du tonnerre et une bonne averse, cela dure peu chaque fois. Le malheur, c'est que nous allons contre ce mauvais temps qui, malgré nos toiles, nous fouette dans la figure.

A midi on arrive à un abri où on doit faire halte pour manger. Au moment de descendre, nous sommes gratifiés d'un orage plus violent qui nous inonde. On met la musette aux chevaux; il faut que les pauvres bêtes soient robustes pour supporter cette épreuve, ayant chaud et s'arrêtant ainsi une heure sous la pluie glacée. Notre providence, M. Potard, distribue les vivres; nous sommes à couvert, on est gelé, mouillé aussi, on mange en dansant, pour se réchauffer. Belles tranches de gigot, excellent pain, vin, fromage, on dévore, on se ranime, l'entrain reprend le dessus, l'orage a cessé, on remonte en voiture et vite on chasse la mélancolie.

L'après-midi est un peu meilleur, mais le sol est détrempé, les chevaux vont moins vite et finissent par être éreintés. Nous descendons quelquefois, les hommes pour soulager ces pauvres bêtes; enfin une voiture reste en détresse, j'ai la chance que c'est la mienne que j'occupe avec trois dames. On nous transborde, on nous répartit dans les autres voitures et le trajet se continue.

Comme il pleut, les fondrières sont remplies d'eau sale, les attelages sautent dedans un peu au hasard, les dames ferment les yeux et on se trouve de l'autre côté. Dix fois on a failli verser mais on arrive tout de même à Jaffa dans la soirée et dans la plus grande obscurité avec trois heures de retard.

De Caïffa à Jaffa, 120 kilomètres que nous avons faits en vingt-trois heures de voiture. Dans ce long trajet tout est nature, jamais on n'y a donné un coup de pioche, les chevaux, avec une grande habitude évitent les plus grands trous ou les croisent ; faire une seule fois ce voyage, cela suffit.

Nous avons traversé l'immense plaine de Saron ; nous avons fait halte pour visiter les ruines d'Atlit qui se trouvent sur le bord de la mer. Une grande forteresse avait été construite ici par les chevaliers de Rhodes pour servir d'abri et de halte aux pèlerins. Le château fort fut détruit par les Turcs, puis reconstruit par les croisés, puis redétruit, puis réédifié par Napoléon I<sup>er</sup>, qui en a fait un fort, puis enfin bombardé et détruit encore une fois par les Turcs. Ces ruines sont très imposantes et battues par la mer toujours furieuse à cet endroit.

On y voit encore d'immenses colonnes de marbres enchevêtrées, quoiqu'on vienne les piller pour les constructions nouvelles. Il s'est fourré là dedans soixante-dix ménages de

Bédouins que nous voyons autour de leurs cahutes et qui ne nous disent rien qui vaille. Ces ruines sont gardées par trois soldats turcs auxquels notre directeur glisse la pièce, et qui nous recommandent de ne pas trop nous séparer et, du reste, nous suivent et nous gardent, armés jusqu'aux dents.

On voit aussi, de loin en loin, de grandes tentes noires fixées au sol par des piquets ; ce sont des villages de Bédouins qui restent quelques mois puis se transportent plus loin. Ces parages leur sont accordés pour leurs pérégrinations. Nous en avons vu de près, ils sont dangereux sans en avoir l'air. Des voyageurs isolés ou qui sont restés en retard ont été souvent dévalisés et assassinés par eux ; mais ils ne s'attaquent pas aux caravanes comme la nôtre. Quelques haltes dans ce grand voyage, où il y a un creux d'eau sale exprès ; on donne à boire aux chevaux, puis la musette dans laquelle il y a de l'orge mélangée à de la paille hachée, et une demi-heure après ces infatigables chevaux repartent avec le même entrain.

A l'entrée de Jaffa on retrouve une bonne route et on file rapidement jusqu'à une place où on nous fait jeter en tas dans la boue nos valises que les hommes habituels de notre directeur vont transporter à dos à notre nouveau domicile. Ici, nous retrouvons une Casa-Nova des franciscains, qui se trouve exactement sur le bord de la mer. Nous nous rendons compte qu'un débarquement eût été impossible, la mer est terrifiante et les vagues viennent déferler jusque dans les rues qui sont préservées par des murs très élevés. Nous sommes fatigués, glacés, mais nous avons bon souper, bon lit ; le lendemain matin on n'y pensera plus.

*Le 4 Avril.*

Au réveil tout le monde est gai et bien portant; il fait un temps superbe, on ne se lasse pas de regarder la mer qui de notre terrasse élevée produit un effet vraiment féerique. Elle est néanmoins toujours mauvaise; un paquebot que nous voyons au large attend et ne débarquera pas. Il paraît qu'ici aussi il y a des courants volcaniques.

Après la messe, nous allons, sous la conduite du père Paul (le père Ignace est en Samarie), visiter la maison de Simon le corroyeur, où saint Pierre eut une apparition, puis l'église grecque, splendide édifice appartenant aux Russes, située sur une éminence à un kilomètre de Jaffa, et à l'endroit où saint Pierre ressuscita une femme, et d'où on a une vue magnifique sur Jaffa et tous les jardins d'orangers.

La ville de Jaffa a, à peu près, la même population que Caïffa, est mieux bâtie, a un air européen. Le port ne peut pas être très commerçant en raison de l'état de la mer. Jaffa est un séjour très agréable, ville embaumée par les orangers. Il y a à Jaffa un million de pieds d'orangers, comptés sérieusement à cause de l'impôt, répartis dans d'immenses jardins. Nous voyons des grappes d'oranges mûres et des vertes, et ces mêmes pieds ont toujours de la fleur ; c'est ce qui embaume à plusieurs kilomètres de la ville. Ces oranges ne sont pas de celles qu'on consomme en France, elles sont grosses, ovales, excellentes, mais ont une peau très épaisse. Nous en avons mangé beaucoup pendant tout notre séjour en Orient ; on nous en servait à tous les repas et même le matin, et elles ne nous ont jamais incommodés.

J'ai vu à Jaffa de très beaux moulins où on fabrique comme en Europe. C'est à Jaffa qu'on transportait les grands cèdres du Liban qui ont servi à la construction du temple de Salomon. C'est aussi à Jaffa qu'a été construite l'arche de Noé au moment du déluge universel. C'est également à Jaffa que Jonas, d'après l'histoire sainte, fut englouti par la baleine, qui le rejetta trois jours après sain et sauf sur le rivage.

A midi a lieu le dîner, et à 2 heures le départ

en chemin de fer pour Jérusalem, accompagnés par le père Paul qui nous explique le paysage.

On traverse d'abord de grandes plaines cultivées et qui paraissent riches ; les champs sont clos par des haies de cactus, cette plante est très abondante. Il y a aussi beaucoup de belles plantations d'oliviers ; on en voit qui ont trois à quatre mille ans ; ce sont d'immenses troncs, creux dans le milieu et dans lesquels on logerait tranquillement un ménage. Il paraît que ces vétérans de l'espèce produisent toujours. On suit longtemps un torrent dont je ne me rappelle plus le nom ; on arrive à d'énormes montagnes arides, pas d'arbres, quelques brindilles dans les roches que les Arabes arrachent à mesure qu'elles poussent ; car plus nous avançons, plus le bois fait défaut. Nous passons où a eu lieu la bataille des Philistins, nous voyons où a habité Samson.

Il tombe des giboulées de grésil qui diminuent le charme du voyage. Après quatre heures de chemin de fer, nous arrivons à Jérusalem ; il pleut ; nous sommes transis ; la gare est relativement loin de la ville ; mais les voitures nous emportent rapidement à la Casa-Nova des pères franciscains. Cet établissement est situé dans un des meilleurs quartiers de la ville, à côté de leur couvent et de leur église Saint-Sauveur et est plus vaste et plus beau que tous ceux que nous avons vus jusqu'à ce jour. Nous en sommes d'autant plus heureux que nous devons rester ici jusqu'au 16 avril. Un des pères nous distribue vite les chambres, une pour deux et de très belles chambres.

Il y a ici cent cinquante chambres desservies par de vastes corridors, quantité de rampes d'escaliers, trois étages élevés, un salon de lecture à chaque étage et en haut une terrasse en pierres de taille comme couverture, comme du reste toutes les maisons ici, du haut de laquelle terrasse on domine toute la ville de Jérusalem.

Au début, on s'égare facilement dans ce bel établissement où tout est agencé admirablement. Donc, aussitôt installés, nous allons faire une première visite au saint sépulcre, qui n'est pas loin de notre résidence; au retour, nous prenons place à une longue table qui nous attend, place que nous garderons tout le temps du séjour.

Après souper, on fait la sieste au salon aussi longtemps qu'on veut ; les uns fument, d'autres écrivent, puis on va profiter des bons lits qui nous sont préparés. Dans la nuit éclate un violent orage ; ce sont les dernières pluies, à partir de ce jour nous n'avons pas eu une heure de mauvais temps jusqu'à notre retour.

*Le 5 Avril.*

Ce matin nous assistons à la messe et à une procession au saint sépulcre ; puis on nous fait l'explication de la basilique. Cette vaste église renferme le calvaire et le tombeau du Christ. Tout en entrant, on trouve la place où a été embaumé le Sauveur, place marquée par une dalle en marbre au-dessus de laquelle sont suspendues des lampes fort riches qui ne s'éteignent jamais, dalle sur laquelle tout le monde se prosterne.

A droite, tout à côté, est le calvaire, un peu élevé ; on y a accès par deux rampes d'escaliers. En haut il y a deux autels, un autel grec et un autel chrétien, près duquel on voit la place des trois croix et aussi le rocher qui s'est fendu au moment de la mort du Sauveur et qu'on a laissé exprès à découvert. Le calvaire est réservé aux cérémonies les plus importantes.

Redescendons et nous trouvons le saint

sépulcre au milieu du chœur et à dix mètres de la pierre de l'onction dont j'ai parlé. Ce tombeau était préparé et appartenait à un riche Juif, dont on a fait un saint, Joseph d'Arimathie, et qui l'a cédé pour y ensevelir le Sauveur. Ce tombeau, comme tous ceux des riches, était creusé dans le rocher et en deux parties : la première, où on entre par une porte basse et étroite, était une petite chambre qui peut contenir une dizaine de personnes, elle était réservée à la famille, et le tombeau proprement dit, creusé au fond, renfermait les restes du défunt. On y entre en se baissant, et pas plus de trois personnes à la fois. Nous avons vu ailleurs des tombeaux exactement semblables au saint sépulcre.

Devant le tombeau il y avait, préparée dans une rainure taillée dans le roc, une énorme pierre ronde comme une meule de moulin qu'on roulait, qui fermait hermétiquement l'entrée et qu'on scellait ensuite. Dans la première entrée du saint sépulcre on y conserve une partie de cette pierre.

Si je donne tous ces détails, c'est que je crois qu'on n'en a pas souvent fait mention.

Devant le saint sépulcre la place est libre, on y monte des autels pour officier qu'on enlève ensuite. Au-dessus du tombeau, comme un énorme baldaquin, avec des colonnes de marbre, tout autour duquel sont suspendues une grande quantité de lampes appartenant aux différentes religions. Derrière le tombeau, un autel arménien, et tout autour la place libre.

Lors des grandes cérémonies, on fait la procession autour du saint sépulcre. Sept ou huit religions ont leurs droits au saint sépulcre, chaque religion y a ses lampes, ses cierges, et qu'elles doivent mutuellement respecter très scrupuleusement ; la moindre infraction à cela amène des coups de poing d'abord et souvent des questions diplomatiques. Ces religions sont : les Grecs schismatiques qui ont une chapelle d'une richesse inouïe au milieu de la nef de la basilique ; ce sont nos amis les Russes, puis les Grecs orthodoxes, les Arméniens ; aussi les Grecs unifiés ou catholiques, religion exactement la même que la nôtre, seule diffère la coiffure des prêtres ; et puis les Cophtes, les Kurdes et les Syriens.

Les catholiques y ont plus de droits que les autres ; nos franciscains depuis sept siècles sont les gardiens du saint sépulcre, ils en ont une clef et y accèdent quand ils veulent. Une religion monte un autel improvisé devant le tombeau, y officie, puis enlève l'autel se retire, et cède la place à une autre.

Il y a en tout temps des soldats turcs et des officiers, l'arme au pied, pour maintenir l'ordre ; ils forment des cordons et séparent les fidèles des différents cultes. Ils font leur service avec une discrétion vraiment remarquable et un grand respect du lieu, quoiqu'ils restent constamment couverts.

La basilique est de construction rustique et très ancienne ; c'est un immense labyrinthe à haute coupole bysantine soutenue par d'énormes colonnes carrées. Il y a une quantité d'autels, de lustres, de tableaux, de galeries, de balustrades, de loges, où s'entasse, se heurte, crie, cause et prie tout un peuple bizarre de physiques et d'accoutrements. On croit que cette basilique, qui a grand besoin d'être restaurée, a été construite par l'impératrice Hélène, mère du grand Constantin. Trop de monde y a droit, c'est pourquoi elle reste en cet état. L'entrée est gardée par des prêtres musulmans qui, constamment, brûlent de l'encens sur des charbons ardents.

Nous quittons la basilique pour aller avant midi visiter l'emplacement du temple de Salomon et la mosquée d'Omar qui se trouve sur une partie de cet emplacement. Du temple de Salomon il ne reste que les sous-sols, immenses souterrains soutenus par des voûtes et des piliers énormes ; les croisés y ont logé leurs chevaux, on voit les trous dans les piliers où ils les attachaient. Nous visitons aussi là la porte dorée, celle par laquelle Notre-Seigneur est entré à Jérusalem le dimanche des Rameaux ; j'en reparlerai.

La mosquée d'Omar est une curiosité par son architecture, son luxe inouï. Ici, toujours les riches tapis sur lesquels on ne marche qu'en sandales ou déchaussés. A l'intérieur, au centre de cette mosquée, se trouve un rocher très large, conservé naturel, entouré d'une balustrade, afin qu'on ne puisse y toucher. On a creusé ce rocher en dessous pour y faire descendre les visiteurs. C'est sur ce roc que se faisaient les sacrifices des brebis et sur lequel Abraham voulut immoler son fils Isaac.

L'après-midi, seconde visite à la basilique ; on nous fait voir l'emplacement où se trouvait la sainte Vierge et les saintes femmes lorsque le Christ est ressuscité ; aussi l'épée de Godefroy de Bouillon et ses éperons qui sont pieusement conservés ; puis la colonne de la flagellation ; je dis alors que je l'avais vue à Rome déjà, on me répond qu'il y en avait deux.

Beaucoup de choses saintes ne sont plus ici, ayant été emportées à Rome par sainte Hélène ; ainsi l'escalier de la douleur que le Christ monta pour aller chez Pilate, escalier qu'on monte à genoux et où toutes les gouttes de sang versées par le Sauveur sont marquées par des plaques de verre ; aussi la crèche de Bethléem, où il est né, et le bois de la vraie croix.

Nous rentrons à Casa-Nova, où nous assistons à l'arrivée de nos Samaritains. Hélas ! dans quel état ils nous arrivent, éreintés, fourbus, trempés jusqu'à la moelle, des loques absolument. Après trois jours passés à cheval par un temps horrible, ils ont eu jusqu'à de la grêle, dans des montagnes sans ressource, pour ainsi dire, où on trouve à peine un abri pour la nuit ; quelle dèche, mon empereur ! Ils se fourrent vite au lit, et il y en a qui n'en ressortent que deux jours après. Bienheureux qu'ils sont de n'y être pas restés quelques-uns, comme cela est arrivé encore l'année dernière. C'était à prévoir, on les avait détournés de cette idée ; mais une jeune fille de vingt ans, qui avait fait déjà une fois la Samarie, et dont l'enthousiasme n'a pas de bornes, avait tout emporté.

Cette fois, je crois qu'elle en aura assez, car le lendemain elle n'a pu s'habiller, elle avait les mains soufflées par les grêlons ; car à cheval, en Samarie, il faut tenir ses rênes, on ne peut ni mettre les mains dans les poches ni s'arrêter, que la nuit, quelque temps qu'il fasse. Dieu soit loué ! ils sont tous rentrés ; les deux dames surtout ont gagné de grandes indulgences. Le père Ignace et le drogman ont fait cela comme une lettre à la poste.

## *Le Vendredi 6 Avril.*

Ce matin, messe en musique sur le calvaire. Il faut vous dire que les franciscains ont une excellente chorale qui ne se fait entendre qu'aux cérémonies religieuses. Ensuite, le bon père Ignace, que nous sommes heureux d'avoir retrouvé, nous mène au départ du chemin de la croix, c'est-à-dire où se trouvait la citadelle Antonia, où résidait Pilate.

Cette citadelle se trouvait exactement à la même place qu'avait occupée le temple de Salomon dans les temps anciens, place dont j'ai parlé tout à l'heure. Du reste, le père Ignace est admirable dans ses explications et nullement absolu, et voici comment il nous les donne toujours en trois versions.

Ici, nous dit-il, nous sommes en tel endroit, la tradition dit ceci, l'histoire que nous avons recherchée dans les documents les plus anciens et qui ne vont pas plus loin que le quatrième siècle, l'histoire dit cela; en réalité, je crois qu'il faut en conclure ceci, et alors il donne sa version à lui, très documentée, car ce religieux est un savant.

Nous partons donc de la citadelle Antonia, résidence de Pilate, où eurent lieu la condamnation du Christ, la flagellation et le couronnement d'épines, et nous suivons les quatorze stations, dont les unes sont à cinquante mètres l'une de l'autre, d'autres à deux ou trois cents mètres. Ces stations sont marquées par des plaques de marbre placées contre les maisons, et portant le chiffre de la station. Cet après-midi on doit faire ce grand chemin de la croix qui a lieu, du reste, tous les vendredis de Carême ; mais si on nous l'explique ainsi, c'est que cela ne pourrait se faire en cérémonie religieuse.

Ces quatorze stations se déroulent sur un parcours relativement long, pour venir se terminer à la basilique, où se trouvent les deux dernières. Je ne vais pas au chemin de la croix cet après-midi, je me réserve pour vendredi prochain qui est le vendredi saint.

Nous sommes libres jusqu'à ce soir, j'en profite pour parcourir un peu la ville, voir les beaux magasins d'objets de piété, le principal commerce de la ville. Comme je l'ai dit déjà, c'est le dimanche des musulmans, il y a un air de fête, il fait bon les voir sur les places et étudier leurs costumes et leurs mœurs sur le vif.

Maintenant, je vais, aussi fidèlement que possible, vous donner une légère description de la ville sainte.

La ville de Jérusalem se trouve sur une colline de pente moyenne, exposée au levant. Elle n'est pas étendue, quoique renfermant cent vingt mille âmes dont quatre-vingt mille Juifs, le reste tant musulmans que Grecs, Arméniens, et quelques milliers de chrétiens.

Chose vraiment triste à constater, les rues sont plutôt des ruelles étroites pavées en pierre et, de distance en distance, une marche d'escalier pour briser la pente, car on ne fait que monter et descendre. Ces ruelles sont souvent couvertes de gros cintres de maçonnerie ou de toits quelconques ; les fenêtres sont rares et garnies de barres de fer. Toutes les maisons sont couvertes en pierres de taille formant terrasse comme la Casa-Nova. Ces couvertures sont légèrement en pente, et des tuyaux y sont adaptés, qui recueillent toute l'eau de pluie et l'emmènent dans des citernes qui servent de réservoirs pour l'été où il passe sept gros mois de l'année sans tomber une seule goutte d'eau.

Il n'y a pas que là qu'on recueille l'eau : j'ai vu, en certains endroits, des rigoles taillées dans des escaliers, destinées au même usage. Il y a bien un puits très abondant, appelé le puits de Jacob, que nous avons vu dans la vallée de Josaphat, d'où partent des tuyaux, lequel puits alimente d'eau potable toute la ville, mais il ne suffirait certainement pas aux usages journaliers. Il y a aussi les immenses vasques de Salomon, grands réservoirs cimentés qui se remplissent d'eau à la saison des pluies.

Les constructions nouvelles, telles que la nouvelle hôtellerie construite par les assomptionnistes pour loger les pèlerins ou les excursionnistes quelconques, vastes établissements disposant de quatre cents chambres ; d'autres nouvelles maisons encore sont construites à l'européenne, et couvertes avec des tuiles rouges. Il y a ici les bazars comme dans toutes les villes, où grouille une foule compacte, sale, et où passent les ânes et les chameaux ; les voitures ne circulent que pour sortir de la ville. On crée des quartiers nouveaux, dégagés et très propres, où il s'établit de beaux magasins.

Il se fait un grand commerce d'objets de piété ; on fait ici des choses superbes en bois d'olivier, en nacre, en ivoire, en perles, etc.

La ville est entourée de fortifications formidables en énormes blocs de pierre, des murs très épais, très élevés et crénelés en haut ; des fondations très profondes, nous dit le père Ignace, quoique sur le rocher. On voit qu'on ne payait pas la main-d'œuvre pour ces immenses travaux. On entre par deux portes principales, la porte de Damas au nord, et la porte de Jaffa au couchant, celle par laquelle nous sommes entrés. Il y a encore la porte dorée dont j'ai déjà parlé ; mais elle est murée, les Turcs craignent toujours qu'on envahisse la place par cette porte à laquelle ils attribuent une puissance surnaturelle, car c'est par celle-là que Notre-Seigneur est entré dans la ville.

Il y a toujours à Jérusalem une forte garnison. Malgré toutes ces précautions, la ville n'est pas invulnérable ; elle a été prise plusieurs fois, entre autres par les croisés, mais toujours par le même côté, au nord ; il paraît qu'il a toujours été impossible d'y pénétrer par ailleurs, et voici pourquoi : à ce seul endroit, au nord, il se trouve tout près de la ville, une petite montagne du haut de laquelle on peut bombarder Jérusalem presque à bout portant. Je ne fais pas de stratégie militaire, je donne les explications telles que je les ai reçues.

De Jérusalem, en se tournant au levant, on a devant soi un immense et superbe panorama ; d'abord, tout près, le mont des Oliviers séparé de la ville par la vallée de Josaphat, beaucoup plus étroite qu'on se la figure généralement ; puis, à droite, les monts du Scandale et du Mauvais Conseil et, au loin, les montagnes de Moab et la mer Morte dont on découvre une partie ; toutes ces montagnes couvertes de verdure, de fleurs et de végétation de toute sorte ; surtout quantité d'oliviers ; aucune forêt, je l'ai dit déjà. Une remarque dont je ferai part en terminant ce récit, c'est que les Juifs riches portent encore le manteau en velours pourpre, tel qu'au temps du Sauveur, et comme nous le voyons dans les tableaux du chemin de la croix, et avec cela la petite toque en fourrure qu'on portait également.

Il est quatre heures, nous sommes tous rentrés à Casa-Nova, un coup de corne de M. Potard nous appelle en bas ; car il faut vous dire que notre directeur a une corne stridente dont il se sert pour nous appeler et réunir ; c'est le départ pour le mur des pleurs. Ce mur qui donne sur une rue en bas de la mosquée d'Omar, est un reste, paraît-il, des vestiges de l'ancien temple de Salomon. Tous les vendredis, une quantité de Juifs de toutes qualités, hommes et femmes, vont l'après-midi se lamenter et prier, un livre à la main, implorant qu'on leur reconstruise leur temple. Rien de plus curieux que de voir ces gens ayant leur lucidité d'esprit, pleurer, se lamenter contre ce mur, l'embrasser, en lécher les pierres. On ne s'y arrête pas longtemps, leurs regards nous disent assez que notre présence les importune.

*Le 7 Avril.*

Au réveil, à cinq heures et demie, nous partons pour Gethsémani et le mont des Oliviers. Le jardin de Gethsémani ou jardin des Oliviers, où Notre-Seigneur allait prier, se trouve au pied du mont de ce nom, sur le bord de la vallée de Josaphat, et appartient aux franciscains qui ont un couvent à côté.

En sortant de la ville, nous trouvons les lépreux assis sur le bord du chemin et nous demandant l'aumône avec des lamentations à fendre l'âme. Quel spectacle que ces pauvres gens dont les membres sont rongés par le mal, les uns les bras, les jambes, d'autres, la tête ; nous en voyons une vingtaine comme cela. On leur permet de se tenir là ; la ville leur est interdite. Cet horrible mal est contagieux, aussi c'est à peine si on ose les aborder pour leur jeter une pièce de monnaie. Les pères nous affirment qu'il faut tout au moins habiter avec eux pour être contaminé. Et dire que ces gens forment génération ; on leur permet de se marier, et de riches lépreux épousent des jeunes filles pauvres bien portantes. De cette manière, on n'est pas près de voir disparaître ce hideux fléau. La léproserie où ils vivent n'est pas loin de là.

A Gethsémani, nous assistons à la messe dans la grotte de l'Agonie. C'est dans cette grotte que les soldats conduits par Judas se saisirent du Christ après que le traître l'eût embrassé.

Après la messe, le petit déjeuner nous est offert, puis nous visitons le jardin où il nous est permis de cueillir chacun trois pensées en souvenir de ce lieu saint. Il y a encore dans ce jardin des oliviers qui ont plus de deux mille ans et qui, par conséquent, y étaient déjà à l'époque de la Passion. Ces arbres ne tiennent que par le tour et sont creux dans le milieu. Pour ceux que cela peut surprendre, qu'ils sachent qu'il y a dans ces pays des oliviers qui ont plus de trois mille ans.

Nous continuons nos visites par le mont des Oliviers. Dans une chapelle où il y a déjà une foule prosternée sur les dalles, nous sommes en présence de l'empreinte que laissa sur la pierre le pied du Sauveur au moment de son ascension au ciel. Cette empreinte s'est creusée à force d'y frotter des objets de piété et surtout des chapelets. Un peu plus loin, toujours sur le mont des Oliviers, à Bethsagé, nous nous trouvons à l'endroit d'où Notre-Seigneur envoya ses apôtres lui chercher une ânesse et un âne pour faire son entrée triomphale à Jérusalem, par la porte dorée, le jour des Rameaux ; ce lieu est consacré par une chapelle.

Nous visitons ensuite le lieu où le Sauveur enseigna le *Pater* à ses apôtres. La duchesse de la Tour d'Auvergne, visitant ces lieux, voulut perpétuer ce souvenir. Elle y fit bâtir une maison religieuse et une chapelle, et dans un jardin qui se trouve à l'entrée de ce couvent, et qui est clos tout autour par un mur très élevé, elle fit placer contre ce mur trente-deux grandes plaques de marbre, sur lesquelles elle fit graver le *Pater* en trente-deux langues, comme nous les voyons aujourd'hui. Cela a été fait récemment, et cette grande et très sage dame doit exister encore, car nous lisons sur un un autre marbre son désir formel que ses restes mortels soient rapportés ici.

Nous redescendons le mont des Oliviers, et nous nous arrêtons un instant à mi-chemin pour contempler la ville de Jérusalem dont on peut depuis ici détailler tous les monuments. En revenant nous trouvons aussi une crypte où on descend par une grande rampe d'escalier. C'est là que se trouve le tombeau de la sainte Vierge devant lequel nous défilons avec émotion. Il est triste à dire que cette chapelle appartient aux Grecs.

Non loin de là nous descendons dans une autre chapelle souterraine, c'est là que les apôtres se sont réunis et qu'ils ont ensemble composé, rédigé le *Credo*.

Nous retraversons la vallée de Josaphat au fond de laquelle coule le Cédron ; le père Ignace nous montre près de nous un sentier qui va à la porte dorée, ce sentier qui a été tant fréquenté par le Christ allant du jardin des Oliviers à Jérusalem ; c'est là que saint Etienne a été lapidé. Nous rentrons à midi à Casa-Nova.

Après midi nous allons au saint sépulcre assister aux processions qui se font dans la basilique tous les samedis de Carême. C'est d'abord notre procession des catholiques, à laquelle assistent le consul, le vice-consul, le chancelier, avec leur garde et leur suite. Le consul seul porte un cierge allumé à la main. C'est l'archevêque en personne qui préside à cette imposante cérémonie. On s'arrête à sept stations différentes, tout le monde s'agenouille sur les dalles ; un serviteur jette chaque fois devant le consul un coussin sur lequel il se met à genoux ; on se relève, deux soldats turcs de la garde de ce haut personnage, frappant sur le pavé avec de grandes et fortes cannes pour annoncer le passage de leur maître. Ces hommes chamarrés richement ajoutent au beau coup d'œil de cette procession. Nous autres Français nous sommes très édifiés de voir ainsi le représentant officiel de la France très recueilli, assistant à cette belle cérémonie, lorsqu'en France il est interdit au moindre petit fonctionnaire de mettre les pieds dans une église. Il est vrai qu'ici M. Outré (c'est son nom) est le protecteur officiel des chrétiens, et cela lui va fort bien, car j'apprends qu'il est très pieux et sa dame aussi.

Ensuite ont lieu la procession grecque, puis celle des Arméniens, présidées aussi par leurs évêques respectifs. Avec leurs différents vêtements sacerdotaux fort riches, leurs cérémonies aussi très recueillies et très imposantes et différentes aussi, cela est très curieux et très édifiant aussi. Nous rentrons au couvent et sommes libres le reste de la journée.

### *Le Dimanche 8 Avril.*

Le réveil a lieu à 5 heures et demie, la corne de M. Potard se fait entendre ; nous descendons tous pour nous rendre à la basilique assister à la cérémonie de la distribution des rameaux. C'est Monseigneur l'archevêque lui-même qui bénit et distribue solennellement des branches de palmier qui remplacent ici le buis traditionnel.

Après le petit déjeuner, nous assistons à la grand'messe à la belle église Saint-Sauveur qui fait partie du couvent des franciscains.

Après midi notre excursion consiste à faire le tour de Jérusalem très fécond en souvenirs religieux. Nous suivons la vallée de Josaphat au fond de laquelle coule le Cédron, torrent impétueux à la saison des pluies, à sec tout l'été. Nous trouvons la Léproserie, la prison d'Absalon ; à un endroit un arbre perpétue un souvenir : c'est là qu'a été scié en deux le prophète Isaïe ; un peu plus loin, de beaux jardins, très fertiles, arrosés par le Cédron qui à cet endroit s'écarte en éventail. C'est là que se trouve le puits de Jacob, source excessivement abondante, d'où partent de grands tuyaux qui vont distribuer l'eau potable à toute la ville. Nous passons à côté du champ maudit, acheté par Judas avec ses trente deniers, puis nous rentrons par la porte de Jaffa près de laquelle se trouvent les tours de David très élevées, très fortifiées, aujourd'hui caserne militaire.

*Le 9 Avril.*

A cinq heures du matin départ pour Bethléem, accompagnés toujours par le bon père Ignace et un autre frère franciscain, le père Luc, aussi excessivement affable, qui ne fait pas d'explication, mais fait partie de toutes nos sorties depuis que nous sommes à Jérusalem. Les voitures nous attendent sur la place et vont nous faire parcourir rapidement les sept ou huit kilomètres qui nous séparent de Bethléem. Temps splendide, paysage magnifique.

A l'arrivée, encore dans un couvent des franciscains, excellent petit déjeuner, puis la messe à la grotte de la Nativité. Cette grotte se trouve dans la grande église de la Nativité ; elle a été transformée en chapelle et on y descend par une quinzaine de marches d'escalier. Là près de l'autel, est marqué par une plaque de marbre l'endroit où est né le Sauveur, à côté l'emplacement de la crèche, cette crèche que j'ai vue à Rome a été emportée aussi par l'impératrice Hélène.

L'émotion pour les vrais chrétiens est palpitante ici. J'ai derrière moi un soldat turc l'arme au pied, qui me demande *bacchich*, je suis surpris et lui refuse ; la présence de ce gardien m'est expliquée ensuite, la voici : ici encore il est triste de constater que les Grecs ont leurs droits dans cette église, ils y ont un autel, y célèbrent l'office en notre présence. Or, en 1873, ces Grecs, pour se rendre seuls maîtres de cette magnifique église, ont massacré sept religieux franciscains ; voilà pourquoi depuis cette époque elle est gardée militairement.

A côté de la chapelle de la Nativité, une autre petite, toujours souterraine, avec un autel, sous lequel est le tombeau des saints innocents. Tous les os de ces petits martyrs de la cruauté d'Hérode ont été rapportés là, et leurs parents venaient les vénérer. On se sent le cœur gros en ces endroits où on pénètre avec une bougie à la main. A côté, le tombeau de saint Jérôme, patron de la ville de Bethléem.

Nous remontons à la lumière et visitons ensuite la grotte du lait située près de là. Cette grotte est ainsi appelée parce que la sainte Vierge y a passé une nuit allaitant l'Enfant Jésus. La pierre de cette grotte a conservé depuis ce temps une vertu toute particulière ; elle se dissout très vite dans l'eau et forme une boisson qui donne grande abondance de lait aux nourrices. Ce n'est pas un article de foi, mais néanmoins j'en ai rapporté quelques parcelles que je tiens à la disposition des personnes qui voudraient s'en rendre compte.

Bethléem qui autrefois était un petit village a aujourd'hui dix mille habitants, est bien bâti, et est à peu près complètement chrétien. C'est aujourd'hui jour de marché dont nous sommes tout près et qui est intéressant pour nous. On y voit, dans un mélange disparate, des produits de toutes sortes, des petits tas de blé par terre sur des draps, des racines de bois qu'on ne ramasserait pas en France, du crottin de cheval, d'âne ou de chameau, séché au soleil et qu'on brûle en place de bois ; des chameaux, des ânes et des chevaux chargés de toute sorte de choses ; d'autres sellés, tout prêts, qu'on loue pour faire des voyages.

Il y a de grandes plaines de culture dans les

vallées, et une grande industrie ici, tout naturellement, ce sont les objets de piété. On voit encore dans les plaines de culture de grandes tours qui servaient autrefois à se retirer la nuit pour garder les récoltes, des bandits qui descendaient de loin des montagnes moabites.

A onze heures, on nous sert un fort bon dîner, on nous gâte, du bon vin et avec la minuscule tasse de café, par extraordinaire un petit verre de liqueur. C'est donc dans les meilleures dispositions que nous remontons dans nos voitures qui vont nous conduire à Saint-Jean dans la montagne qui n'est aussi qu'à sept ou huit kilomètres en repassant tout près de Jérusalem.

Cet endroit est plus pittoresque, nous arrivons sur la place : là se trouve la fontaine de la Vierge où des jeunes filles fort gracieuses, en costumes variés, viennent puiser l'eau avec des cruches qu'elles portent très adroitement sur le côté de la tête. Les voitures s'arrêtent là, et nous montons un petit chemin dans les broussailles qui nous conduit à une église qui se trouve encore assez haut sur le flanc de la montagne. C'est ici que la sainte Vierge est venue annoncer sa situation à sa cousine sainte Elisabeth et où elles se sont embrassées avec effusion.

En retournant aux voitures, nous sommes assaillis comme d'habitude par une foule de jeunes gens des deux sexes, qui veulent nous forcer à acheter des objets de piété. Nous y mettons, comme toujours, de la bonne volonté, et je crois qu'ils conserveront un bon souvenir de nous. C'est, du reste, ici leur principal gagne-pain et ils n'ont pas l'air de vivre dans l'opulence.

Avant de partir, on nous offre un petit goûter auquel nous faisons honneur, et composé de pain, sec, il est vrai, mais arrosé d'un fort bon vin jaune. Ces bons pères, encore des franciscains, se désolent de n'avoir rien à nous offrir comme pitance, car on ne nous attendait pas; regrets dont nous sommes reconnaissants, mais bien superflus, car, avec ce vin pétillant qui nous a tous émoustillés un brin, la privation était douce. Le soleil baisse à l'horizon, ce qui nous procure le plus beau coup d'œil dans ces montagnes en rentrant à Jérusalem.

*Le 10 Avril.*

Aujourd'hui la matinée est libre, ici comme ailleurs on a besoin quelquefois de repos.

Après midi, le gros de notre pèlerinage part en voiture en excursion à Jéricho, au Jourdain et à la mer Morte ; ils doivent coucher et ne reviendront que demain. Nous restons ici une douzaine des moins enflammés, et dont deux ont fait cette excursion ces années dernières. Ces messieurs nous affirment que cela ne vaut pas un aussi grand dérangement, assaisonné des difficultés du voyage.

En effet, nos excursionnistes en rentrant ont laissé percer, sans le vouloir, une grande désillusion. Ils devaient voir sur leur route le tombeau de Lazare et il n'y a plus que la place, dont on n'est pas sûre ; à l'emplacement de la ville de Jéricho, renversée autrefois au son de la trompette, il n'y a que quelques masures en terre, et le Jourdain est un fleuve comme un autre qui se jette dans la mer Morte.

Cette mer est le principal attrait de ce voyage, abstraction faite des souvenirs religieux; c'est une eau trouble, légèrement gluante, très sulfureuse, dans laquelle il y a quantité de matières chimiques. On y va de très loin pour les rhumatismes. Aucun animal de la création ne peut vivre dans la mer Morte; aucun oiseau ne la fréquente par cela même qu'il n'y a rien à pêcher. C'est au point que lorsque les poissons du Jourdain s'aventurent trop près de l'embouchure, c'est pour eux la mort instantanée. On s'y baigne par traitement; si on y séjourne, on en sort garni de perles comme cristallisées. Je tiens ces détails de ceux qui y sont allés, et tout particulièrement des pères franciscains, qui font souvent ce voyage avec des caravanes. Les anciennes villes de Sodome et de Gomorrhe se trouvent, dit-on, dans cette mer.

Je reviens : pendant que nos amis partent à Jéricho, le père Luc nous conduit visiter dans une maison particulière un travail d'art merveilleux, que tiennent à voir tous les touristes de passage à Jérusalem. C'est la reproduction exacte et très minutieuse du temple de Salomon, ainsi que sa transformation par la suite, tout en pièces de bois découpées, se démontant, se remontant instantanément à la main. Ce travail qui a occupé, paraît-il, une grande partie de la vie d'un homme de talent, occupe trois chambres ordinaires. On peut étudier dans ce travail, Jérusalem avant Salomon, à son temps, transformation à travers les siècles, et Jérusalem d'aujourd'hui. C'est la fille de ce monsieur, personne d'une cinquantaine d'années, protestante et allemande, qui en fait l'explication en allemand (moyennant finance), car elle ne parle pas français; le père Luc nous sert d'interprète.

En revenant de cette visite, nous passons près d'un immense couvent appartenant aux Grecs schismatiques, nos amis les Russes, et destiné à recevoir les pèlerinages qui sont assez fréquents de leur part. Il y a une grande église grecque, nous y entrons; elle est remplie de paysans russes que nous avons rencontrés au pied du mont Thabor; une cérémonie y a lieu, nous entendons un instant un de leurs prédicateurs, instant que nous abrégeons, car on ne peut rester dans cette foule dont la tenue dépasse en malpropreté tout ce qu'on peut imaginer.

La vue de ces paysans russes, le cachet de dénuement et de misère qu'ils portent sur eux révèle, bien certainement, un des côtés des terribles péripéties qui viennent de se dérouler en Russie, et qui ont ébranlé fortement un instant le trône des tzars.

*Le 11 Avril.*

Le courrier de France est arrivé hier soir, nous avons tous reçu des nouvelles de la patrie, et surtout de nos familles; notre matinée d'aujourd'hui se passe donc à savourer ces bonnes nouvelles, et à y répondre. Nous sommes d'autant plus heureux qu'ici on est bien loin et bien isolés; pas un journal ne parait en Palestine; cela est formellement interdit. Le sultan, tenant son peuple dans l'ignorance des affaires de l'Etat, se garantit ainsi le pouvoir absolu.

C'est pour la même raison, qu'il ne prend comme soldats que des Turcs; tous les autres sujets, Juifs ou autres, sont exempts du service militaire et paient à l'Etat en compensation une prime de 12 francs par an, et cela durant toute leur vie. Ils trouvent même cet impôt très lourd, me disaient deux jeunes hommes qui se trouvent dans ce cas.

Après midi, nous assistons à une belle cérémonie au saint sépulcre ; de trois heures à cinq heures, les matines du mercredi saint chantées en musique par cinquante choristes, et présidées par Monseigneur l'archevêque.

### *Le Jeudi Saint 12 Avril.*

A partir d'aujourd'hui, il est très difficile de pénétrer à la basilique du saint sépulcre ; outre le pèlerinage russe dont j'ai parlé, un autre est arrivé de paysans russes absolument semblables aux autres, mais beaucoup plus nombreux ; en tout ils sont plus de deux mille, ajoutez à cela cent quarante-cinq assomptionnistes et nous, plus tous les pèlerins isolés qui arrivent de tous côtés à Jérusalem pendant la semaine sainte. Nous n'irons donc plus en groupe, mais individuellement, les messieurs ouvrant le passage aux dames.

A l'entrée de la basilique, esplanade relativement grande, en tout temps on marcherait sur les têtes, et à l'intérieur, c'est une foule intense, une cacophonie, une foire indescriptible ; il faut se trouver ici pendant la semaine sainte. En présence de ce spectacle, on reste quelque peu interdit, rêveur ; on déplore et on réfléchit ; mais les réflexions qui nous sont suggérées ne peuvent pas être de nature à ébranler la foi de ceux qui la possèdent réellement. En effet, comment expliquer autrement que par la divinité, cet empressement, cette dévotion poussée jusqu'à la démence par cette foule appartenant à toutes les religions, foule qui se précipite en s'écrasant au tombeau du Christ? Pur fanatisme diront les incrédules; mais ce fanatisme, qu'est-ce qui l'inspire? qui lui donne un tel élan? Pour moi, je me sens plus que jamais pèlerin convaincu et cela ne fait qu'augmenter le trésor de croyances qui a fait le bonheur de ma vie et que je ne laisserai jamais émousser.

Je reprends mon récit : l'après-midi se passe à visiter plusieurs endroits où se trouvent d'importants souvenirs religieux; d'abord, le mont Sion, qui aujourd'hui est couvert de constructions, où était le Cénacle où Notre-Seigneur a célébré la pâques avec ses apôtres, et où il institua le sacrement de l'Eucharistie. Il y a à cet endroit le tombeau de David. Cette propriété appartient à un pacha qui nous laisse visiter, mais néanmoins nous sommes accompagnés par un gendarme turc, et toute démonstration de prière n'y est pas permise.

Près de là nous passons où saint Pierre a renié le Christ, son maître, ensuite l'habitation du grand prêtre Anne et celle de Caïphe ; tout cela appartient aux Arméniens et aux Grecs schismatiques. Ici nous assistons à distance aux confessions des Arméniens. Cela paraitrait très drôle si le sujet n'était aussi sérieux ; ils se confessent pour eux et aussi pour d'autres qui les en ont chargés, puis ils donnent des métalliques, pièces de monnaie ; ces explications nous sont données par nos excellents guides. Le pénitent s'agenouille néanmoins devant le prêtre, mais il n'y a nul confessionnal. Tout cela est consacré par l'usage.

Ce soir, après souper, notre pèlerinage se rend au jardin de Gethsémani, en commémoration du jeudi saint, jour où le Sauveur a passé la nuit en prières dans ce jardin la veille de sa mort.

### *Le Vendredi Saint 13 Avril.*

Ce matin, nous assistons à l'office du vendredi saint à l'église Saint-Sauveur où se rendent beaucoup de catholiques, y compris les pensionnats chrétiens des deux sexes. Ces enfants sous la conduite de leurs maîtres, des religieuses et des frères, sont très studieux et très intéressants. Les garçons d'un côté de la nef, les filles de l'autre, pas de sièges, tous s'agenouillent et s'asseoient par terre, tous chantent en chœur ; que n'avons-nous ce charmant spectacle en France ?

Après l'office nous allons visiter tout à la sortie de Jérusalem, ce qu'on appelle le tombeau des rois, très improprement, puisque ce lieu n'a servi de sépulture à aucun roi. Ce sont des caveaux de familles qui ont servi au temps du Christ et qui sont exactement semblables à son tombeau ; avec cette différence que ces caveaux ont plusieurs cases et servaient, le même, à toute une famille. Nous voyons donc ici sous nos yeux l'énorme pierre ronde placée dans une rainure, comme je l'ai dit déjà, et qu'on roulait à l'entrée pour sceller le caveau. A côté de chaque tombeau une rigole est ménagée pour recevoir et entraîner les liquides produits par la putréfaction ; cela donne froid dans le dos. Cette propriété a été donnée par une famille juive à la France, ici nous sommes donc chez nous, mais on paie néanmoins les gardiens.

A 3 heures après midi nous assistons au chemin de la croix qui se fait à travers la ville, exactement comme le suivit le Sauveur en allant au Calvaire. Nous sommes au moins 500 escortés et protégés par la police. Sur notre parcours nous trouvons les bazars toujours bondés d'Arabes et d'autres, on se heurte, le passage est difficile ; les soldats turcs sans aucun ménagement, à grands coups de cravache font ranger les Arabes qui, paraît-il, n'obéissent qu'à cet argument. J'ai pitié de ces gens et j'exhorte à la modération.

A chaque station, après la prière habituelle, le père Paul, un franciscain très vigoureux, monte sur une chaise, et d'une voix de stentor fait une instruction sévère et relative à la station où l'on se trouve. Il ne craint pas de stigmatiser avec vigueur la pusillanimité, l'avachissement, la poltronnerie, le respect humain et la trahison des chrétiens reniant leur foi à tout propos. J'en prends ma part ; mais je n'en admire pas moins sans réserve ce fougueux apôtre de nos croyances.

Après cette imposante cérémonie nous rentrons à Casa-Nova et de là j'entends la musique qui joue dans un square, non loin de chez nous ; il est vrai que c'est le dimanche des Turcs. Je m'y rends, j'enlève mon insigne de pèlerin, non que j'en aie charge, mais pour ne pas attirer l'attention, et me voilà la canne à la main flânant comme un parfait oriental.

Dans un kiosque, comme en France, une soixantaine de musiciens militaires jouent de fort jolis morceaux sous la direction de leur chef. Le Turc est lourd, ici tous jouent assis. Il y a beaucoup de promeneurs, des dames en belle toilette, et curieusement bariolées ; on comprend couramment le français, le monde est affable et vous renseigne avec empressement.

Après souper nous assistons au saint sépulcre à une cérémonie toute particulière qui n'a lieu que le vendredi saint. En haut du Calvaire, les ministres des différentes religions s'y rendent, on prend un grand crucifix, et on simule la descente de la croix, l'embaumement, puis la mise au tombeau. Ces cérémonies terminées, un sermon est prêché en sept langues, y compris le français ; cela dure jusqu'à onze heures du soir, on s'y écrase, on y est entré difficilement, la sortie est un véritable tour de force.

Un type qui se trouve partout, c'est le pickpocket : dans cette foule il est à son aise et fait ample moisson ; c'est ainsi que deux de nos pèlerins, et des Parisiens s'il vous plait, c'est-à-dire plus fins que les autres, ou du moins s'y croyant, ces Messieurs, dis-je, ont été bel et bien soulagés de leurs portemonnaies, qui étaient, paraît-il, assez garnis. Le consul, le vice-consul et le chancelier assistaient aussi à cette magnifique cérémonie, mais ils étaient entourés d'une force de police imposante.

En terminant cette journée, une chose que j'ai oubliée et qui m'a causé une bonne impression : à un certain endroit du chemin de la croix, nous barrions complètement la rue, lorsqu'arriva le gouverneur de Jérusalem avec son état-major, en grand équipage ; il fit arrêter, ne voulut rien froisser ; nous ouvrîmes les rangs et il passa en saluant gracieusement et respectueusement.

## *Le Samedi Saint 14 Avril.*

En bons pèlerins, aujourd'hui nous passons la matinée en prières; office et messe à l'église Saint-Sauveur, notre église des franciscains.

A midi, nous entendons parler d'une cérémonie qui doit avoir lieu ce tantôt au saint sépulcre, cérémonie grecque présidée par leurs évêques en grand apparat, où tous les Russes, sans exception, doivent assister. M. Outré, le consul et toute sa suite en tenue officielle, comme toujours, chamarrés d'or, y brilleront également. Je m'y rends seul, il est du reste impossible de marcher en groupe dans cette cohue.

Comment dépeindre cette scène burlesque, étourdissante, extravagante, effrayante, qui s'appelle chez ces gens-là le feu sacré? Donc, tous ces Grecs, au nombre de plus de deux mille, en se rendant à la basilique se munissent de paquets de bougie plus ou moins gros, mais en moyenne gros comme un litre en verre; ces paquets sont formés d'une quantité de bougies fines destinées à être séparées. Tout ce monde pénètre dans l'église, se loge comme il peut, dans les galeries, partout, tout est bondé et il en reste pas mal dehors. La basilique est tout entière pour eux à ce moment; néanmoins les curieux y pénètrent aussi, adroitement en trompant la surveillance des soldats turcs; c'est ainsi que je m'y aventure assez avant. Les évêques grecs et les hauts dignitaires sont placés devant le saint sépulcre où a lieu la cérémonie. Tous les assistants s'agitent déjà outre mesure, se démènent, crient, cherchent à voir; mon Dieu! que va-t-il se passer? L'anxiété gagne les curieux, je voudrais sortir, lorsque tout à coup, de la part des officiants, est parti le signal tout en allumant eux-mêmes le feu sacré.

A ce moment, que je n'oublierai jamais, un immense cri est poussé d'enthousiasme, les paquets de bougie s'allument avec frénésie, on se communique le feu avec rage; ces gens dépenaillés ne sont plus des humains, ce sont des sauvages; le feu prend aux habits, on l'éteint d'un coup de main, d'un seul coup la basilique ressemble à une fournaise. Je me sauve ainsi que d'autres, nous retombons dans la fournaise du dehors où tout s'est allumé en même temps ; il est difficile d'en sortir et il me faut bien un bon quart d'heure pour me remettre en sécurité.

J'échoue tout effaré dans un magasin juif où on comprend le français, jamais on ne m'y reprendra. Ces gens me disent que chaque année c'est la même chose ; on est surpris qu'il n'arrive pas une catastrophe. On en frémit quand on pense que si le feu prenait bien à ces haillons et à ces grands cheveux crasseux, on ne pourrait l'éteindre, et qu'il n'en sortirait pour ainsi dire pas un de ces malheureux. Un monsieur effrayé comme moi me disait : Nous aurons beau raconter ce que nous aurons vu, on ne nous croira pas. Ensuite tous ces gens repartent de la basilique avec leurs bougies encore allumées et ne les éteignent que dans la rue.

Maintenant l'explication : d'abord ces quantités de bougie emportent après elles beaucoup de vertus miraculeuses, guérisons des maladies, préservations des accidents, portent toute espèce de bonheurs; que sais-je? Alors on en fait part à ses parents, à ceux qui vous sont chers; et si on les allume aussi avec autant de précipitation, c'est que plus elles prennent vite, plus elles ont de vertu, et les premières qui ont pris feu sont les plus précieuses. Voilà la consécration du feu qui se renouvelle chaque année au saint sépulcre, le samedi saint par les Grecs schismatiques.

### *Le 15 Avril, jour de Pâques.*

Le saint jour de Pâques est un jour de joie et de bonheur pour beaucoup de monde, pour nous cette joie est augmentée de celle de penser que nous allons retourner dans nos patries respectives, et revoir bientôt tous ceux qui nous sont si chers ; c'est aujourd'hui notre dernier jour. Notre séjour a été un peu long à Jérusalem, mais chaque jour a eu son attrait, il y a tant à voir ici, et surtout pendant la semaine sainte.

Aujourd'hui nous assistons à la messe solennelle au saint sépulcre. Une grande partie des Russes sont partis ce matin, l'accès de la basilique est redevenu facile; il y a malgré cela beaucoup de monde. De toutes les cérémonies auxquelles nous avons assisté, cette messe est sans contredit la plus belle que nous ayons eue. Elle est rehaussée par la présence des représentants de la France, le consul dans son trône, accompagné par sa dame, et de celle de plusieurs évêques romains qui viennent d'arriver ; quantité d'ecclésiastiques et d'enfants de chœur.

A l'issue de la messe a lieu la procession qui se fait autour du saint sépulcre ; on fait trois fois le tour et fort lentement ; toute la cérémonie a duré trois heures, durant lesquelles nous sommes debout, il n'y a ici que quelques petits bancs qu'on y apporte, et que nous laissons aux dames.

J'admire de plus en plus nos personnages officiels, leur cierge allumé à la main, et cela me surprend et me fait penser qu'en France on leur interdit de mettre les pieds à l'église. Quelqu'un me donne le secret de cette inconséquence : ces Messieurs, ici, ont reçu l'ordre, encore tout récent, d'assister avec assiduité aux cérémonies catholiques et grecques, et cela afin de conserver notre prépondérance au saint sépulcre, prépondérance qui a baissé, paraît-il, depuis le voyage de l'empereur d'Allemagne. Ces fonctionnaires sont, du reste, peut-être choisis comme cela ; M. Outré et sa famille sont très catholiques.

A la sortie de la messe, nous assistons au défilé des Grecs qui viennent prendre la place et célébrer la leur. Quel brillant cortège : il y a là plusieurs évêques grecs, le consul de Russie et le consul d'Espagne avec leurs suites. Que de richesses déployées dans ces brillants costumes et ces mitres garnies de perles et de pierreries !

Après midi, je vais en visite chez un archevêque grec catholique, et voici comment : il faut d'abord que je vous dise que j'ai à côté de moi, à table, à Casa-Nova, M. le curé Bouchet, de Bruxelles, dont je suis devenu l'ami bien sincère. C'est un homme fort aimable, très gai, quoique ayant passé la soixantaine, très rond en conversation et pas trop scrupuleux, différant beaucoup en cela de ses compatriotes. Les Belges sont d'excellentes gens, mais tout confits dans la dévotion ; moi, ils me trouvent un peu indépendant et frondeur, aussi il faut voir quelle vénération pour leur supérieur dominicain. Ce religieux, à table, est en face de moi ; or, un de ces jours derniers, deux demoiselles belges viennent lui demander, avec ce ton de minauderie dont elles ont seules le secret :

« Mon père, mon père, est-ce que nous pouvons manger du poisson et de la viande aujourd'hui ? — Ici, oui, mon enfant », répondit ce grand dispensateur des biens éternels.

J'ai failli éclater de rire, nous étions servis par des religieux ; pour moi, ce saint homme a heurté mes idées et je lui décerne, en passant, un petit brevet d'intolérance.

Permettez-moi cette digression, je continue : donc, mon ami M. le curé qui avait fait connaissance, à Paris je crois, de cet éminent prélat, était allé lui faire une visite ces jours derniers. Monseigneur, dont la religion est absolument la même que la nôtre, se trouve en relations avec les représentants de la France, sous le rapport de l'exercice de son ministère. Il a donc intérêt à savoir ce qui se passe en France, surtout relativement à la religion, et c'est pourquoi il avait prié M. Bouchet de lui conduire un Français pour le renseigner à ce sujet.

M. le curé veut me faire une surprise, et ne me dit où nous allons que lorsque nous sommes à la porte de l'archevêché. Notre visite est annoncée; Monseigneur nous attend, nous fait asseoir, se met sans façon dans un fauteuil à côté du mien, et la conversation s'engage entre lui et moi, si gentiment, si familièrement, que je me trouve de suite à mon aise. Il ne parle pas très correctement le français, mais assez pourtant; je le renseigne de mon mieux, j'ai l'honneur de lui plaire; il m'offre sa carte, je lui remets la mienne, et à ce moment apparait un valet de pied galonné, pantalon court, etc., tenant un plateau qu'il nous présente: « Je veux, nous dit notre charmant interlocuteur, vous offrir des bonbons orientaux. » Nous prenons de cette excellente pâte de jujube ainsi que la minuscule tasse de café, comme toutes celles que nous avons vues en Orient, et qu'on dirait appartenir à un ménage de poupée.

Monseigneur nous reconduit, nous serre à deux fois la main et nous laisse une impression dont je conserverai un précieux souvenir.

On complète ses achats, on fait ses préparatifs, et à demain le départ.

*Le 16 Avril.*

Adieu à Jérusalem, les voitures nous emportent à la gare à sept heures du matin, et nous prenons le train pour Jaffa.

Au retour, je remarque entre Jaffa et Jérusalem une belle ville entourée de fort beaux endroits. C'est Ramleh, où nous nous arrêtons un instant. Belles cultures, pays très fertile, grandes plantations d'oliviers géants, très vieux et produisant toujours.

Nous arrivons à Jaffa à midi, la ville embaumée par les orangers, et dont on respire les parfums à plusieurs kilomètres. Nous constatons avec grand plaisir que la mer est relativement calme ; un navire russe est ancré dans le port ; notre directeur est venu hier y retenir nos places ; c'est le *Csarevitch* qui va nous transporter à Port-Saïd. Le consul de Jaffa a bien voulu accepter une gracieuse invitation et assiste au plantureux dîner que nous servent les bons pères franciscains que nous connaissons déjà. Après dîner, nous avons une heure ou deux à flâner ; quelques amis et moi, nous passons ce temps en bas du couvent sur le port où nous assistons au chargement de caravanes de chameaux qui viennent prendre à dos les marchandises, puisque tout se transporte ainsi dans ces pays à dos de chameaux et ânes. Un mastroquet qui tient buvette en cet endroit nous sert une drogue du pays sur une table primitive entourée de tabourets boiteux. Il est intéressant d'assister au chargement de ces chameaux de forte taille, si bêtes et si dociles, et dont on tire un si grand profit. Chaque animal arrive, conduit à la corde ; sur un signe, il s'accroupit en repliant les membres sous son corps ; de chaque côté du dos, une charge égale est placée, bidon de pétrole, caisse, toute sorte de marchandises ; le tout est ficelé rapidement avec des cordes, la bête se relève et à une autre. Chaque animal emporte environ trois cents kilos ; j'en ai vu portant des rails de chemin de fer qu'on tient par un bout pour maintenir l'équilibre.

Notre embarquement fait, nous voilà à bord du navire russe, dont les officiers nous font un excellent accueil, mais dont malheureusement pas un ne parle français. Ce bâtiment est moins grand que l'*Equateur ;* le fond du navire, une grande cale, est rempli de nos pèlerins russes qui étaient à Jérusalem. Toute cette foule est installée là, pêle-mêle sur ses paquets ; ces gens sont calmes, ont le grand respect des convenances, et se tiennent très convenablement, malgré cette promiscuité qui paraît étrange au premier abord.

Notre énorme capitaine s'excuse de ne pouvoir nous loger tous en cabines, et nous arrange pour le mieux. Nous sommes sept ou huit dans une espèce de chambre de toilette où il y a des canapés sur lesquels nous pourrons nous étendre. Ici nous changeons de cuisine, un copieux souper nous est servi, à la russe, bien entendu ; on commence par se bourrer de charcuterie horriblement salée, puis le potage suivi de plusieurs plats. On nous traite en amis, excellents vins rouges et blancs ; on boit sec, on s'émoustille, on ne se possède pas de joie ; quelle soirée agréable dont le souvenir restera gravé dans nos cœurs ! Je couche sur un canapé, j'ai un de mes camarades étendu tête contre tête ; le lendemain matin, j'en ai un autre, le premier a disparu, et un peu somnambule cette nuit, se retrouve au matin dans la cale, au milieu des paysans russes, sans savoir pourquoi.

*Le 17 Avril.*

Port-Saïd, il est sept heures du matin, une belle statue de M. de Lesseps se trouve à l'entrée du canal de Suez.

Le navire, ici, reste au milieu du port et les barques viennent nous prendre. C'est l'entrée en Egypte. Nous passons à la douane, on y est très accommodant, on ne visite rien. Nous traversons une partie de la ville et nous nous dirigeons sur la gare du chemin de fer, où nous devons prendre l'express pour le Caire dans une heure.

Port-Saïd est bien construit : maisons élevées, élégantes, toutes en bois. Cette ville repose sur le sable, les rues sont en sable sur lequel les voitures roulent à grand train ; il ne pleut pas souvent ici. Les tremblements de terre y sont fréquents. La gare est toute en bois, grande, mais peu élevée ; elle a été détruite déjà par un cataclysme.

La ligne de Port-Saïd au Caire côtoie le

canal de Suez sur environ cent kilomètres, jusqu'à Ismaïlia, en ligne parfaitement droite, et cela si près, que des navires qu'on rencontre sur ce canal, on pourrait se reconnaître et se parler depuis nos vagons. Tout le long, entre la ligne et le canal, une plantation d'oseraies, d'arbustes de toutes sortes est destinée à arrêter les sables que les vents violents, venant de ce côté, reportent dans le canal. En partant, on a donc à gauche le canal et le désert de sable à perte de vue, sans aucune végétation, et à droite le lac Mensalah sur une certaine longueur, puis le désert aussi, les sables immenses.

A un certain endroit, sur le lac, nous apercevons au loin des barrières blanches mouvantes ; c'est l'île des Pélicans. Ces animaux sont excessivement nombreux sur ce lac où ils sont abondamment pourvus de poissons.

Le canal de Suez n'a rien de particulier et cause même tout d'abord une désillusion au voyageur ; il est tout simplement creusé dans le sable, aucun travail d'art ne garantit les berges, il a huit mètres de profondeur, et des bouées placées de chaque côté tous les cent mètres environ, fixent la route des navires qui ne doivent pas dépasser la vitesse de huit kilomètres à l'heure, car les remous font constamment évaser le sable sur les bords.

Les grands bâtiments ne peuvent se rencontrer qu'aux gares qui sont creusées de distance en distance. Nous rencontrons sur ce canal deux grands navires russes bondés de soldats revenant de la Mandchourie. Nous trouvons aussi sur le canal des dragues gigantesques employées à en augmenter la profondeur qui doit atteindre neuf mètres, au lieu de huit, d'après une nouvelle décision. Le fonctionnement de ces dragues est intéressant : par un long et énorme tuyau ressemblant à un ver de terre et dans lequel tournent des hélices, elles vont déposer les sables à une distance relativement éloignée de la rive où ils ne sont plus sujets à évaser de nouveau, ce qui arrivait constamment autrefois.

De Port-Saïd à Ismaïlia, quatre ou cinq gares, pas de villages ; ces gares paraissent plutôt destinées au service du canal. Des caravanes de chameaux couchés attendent pour transporter les marchandises à travers le désert. Il fait chaud au milieu de ces sables, très chaud même, et si nos estomacs réclament, la soif se fait sentir encore davantage.

Il est près de midi lorsque nous arrivons à Ismaïlia, quinze minutes d'arrêt. Tout le monde est heureux de respirer sur le quai, et plus heureux encore lorsque notre directeur se met à nous distribuer quelques provisions, pain, vin, viande froide, largement de quoi nous faire attendre patiemment le dîner qui nous attend à notre arrivée au Caire. Je vous donne à penser si nous votons des félicitations à M. Potard, qui, cette fois encore, nous cause une agréable surprise.

Ismaïlia paraît être une fort jolie ville dans une magnifique oasis. Nous quittons le canal et entrons dans un pays d'une végétation, d'une fertilité, d'une beauté enchanteresses. Arbres de toutes espèces et gigantesques, des palmiers beaucoup, pays de cultures magnifiques, arrosées de nombreux cours d'eau, des sources abondantes, des manèges actionnés par des buffles ou des chameaux remontent l'eau des puits et des réservoirs; de toutes façons, ce pays, où il ne pleut jamais l'été, est arrosé abondamment et ne souffre nullement de la sécheresse. Aussi y fait-on habituellement deux et même trois récoltes par an ; à ce moment, les blés, les orges sont presque mûrs, dans quelques champs on commence les moissons. Il en est ainsi jusqu'au Caire ; c'est bien là le pays féerique et d'une fertilité prodigieuse dont parle l'histoire sainte.

Sur notre parcours, nous trouvons plusieurs villes dont une très grande et très industrielle, c'est Zagazig. A un certain endroit, nous cotoyons un petit cours d'eau dans lequel s'agitent avec des filets une quinzaine d'indigènes ; ce sont des mulâtres, pêcheurs de tortue, ayant pour tout vêtement un bonnet de coton surmonté d'une houppe. Je me hâte de faire remarquer ce beau coup d'œil à nos charmantes voyageuses, leurs nez s'allongent, on se fait du bon sang, en pèlerinage la gaieté ne perd pas ses droits.

Il est une heure environ, nous arrivons au Caire, le soleil est brûlant, on jette les valises sur le quai, et les voitures nous emportent rapidement à Bristol-Hôtel, un des plus confortables, et où nous attend une table bien servie. Après avoir savouré un bon repas qui nous réconforte largement, nous passons le reste de la journée à visiter à pied les quartiers rapprochés de notre hôtel. Nous sommes logés au centre de la ville sur la plus belle place, où se trouve le jardin de l'Esbéquiez, grande promenade remplie de squares, d'arbres et de fleurs superbes; il y a un aquarium et beaucoup de poissons; la musique militaire joue dans un kiosque; on respire ici la propreté, l'élégance, cela tranche complètement avec la Palestine; on se croirait en France, si ce n'était toujours cette calotte rouge ou fez qui est aussi en Egypte la coiffure obligatoire. Le fez, ici, est plus élevé et se distingue de celui des autres parties de la Turquie. Ici aussi, il nous faut changer de monnaie, l'autre est bonne à jeter, mais nous n'en avons pas gardé. Sous la protection des Anglais, la civilisation en Egypte marche à pas de géant, j'en reparlerai; à demain.

*Le 18 Avril.*

Après le petit déjeuner et de très bonne heure, les voitures, toujours très bonnes, attelées de deux vigoureux chevaux arabes, conduits par des cochers très adroits et qui comprennent tous un peu le français ; ces voitures, dis-je, viennent nous prendre à l'hôtel pour nous conduire aux pyramides qu'on aperçoit d'ici et qui se trouvent à quatorze kilomètres du Caire.

Deux moyens de transport mènent aux pyramides : une belle route carossable, bordée d'arbres, et un tramway sur le bord de cette route. Quelle belle plaine garnie de récoltes de toutes sortes, des moissons toutes prêtes, des fourrages abondants que l'on coupe en vert et qu'on amène à la grande ville, dès le matin, à dos de chameau. Des voitures de provisions sont aussi traînées par de fort beaux ânes ; tous les animaux ici sont bien soignés, tout annonce, sinon la richesse, le bien-être. C'est ici, au pied des pyramides, que les troupes françaises se couvrirent de gloire, lorsque Napoléon Ier les enivra de ces paroles : « Soldats invincibles, quarante siècles vous contemplent. »

Il y a quatre pyramides plus ou moins élevées et qui ont été terminées, d'autres ont été commencées et arrêtées au tiers, au quart de leur construction. Elles sont toutes formées d'énormes blocs de pierre taillée de soixante centimètres à un mètre d'épaisseur, superposés un peu en escalier, de manière qu'on peut grimper en haut jusqu'au sommet. La plus élevée a 233 mètres au carré de chaque côté à sa base, et 137 mètres de hauteur ; ces dimensions les rendent assez disgracieuses, étant trop larges suivant la hauteur.

Dans chaque pyramide il y a le tombeau de celui qui l'a fait élever, quelque tyran puissant de ces temps-là ; alors il y a une entrée, des cavités, des couloirs fort longs et des escaliers intérieurs montant jusqu'en haut ; ces différentes choses en font la curiosité, et tout particulièrement leur âge, puisqu'elles datent de plus de quatre mille ans. De la petite montagne où elles se trouvent on a tiré les blocs pour les construire. Je tiens tous ces détails d'un guide très savant que nous avons entre les mains, un livre, le guide Bédékœr.

Une foule d'Arabes se tiennent aux pieds des pyramides et nous harcèlent pour nous aider à monter, pour nous louer leurs ânes ou leurs chameaux pour faire une promenade. Quelques personnes de notre caravane ont fait l'ascension de la plus haute, grave imprudence : parce que d'abord il faut le concours de deux, au moins, de ces aides rustiques et grossiers, dont un vous tire par les bras et l'autre vous pousse par derrière et qui, à chaque instant, font une pause pour vous extirper des bacchichs. Le concours des aides n'évite pas complètement le danger, qui est sensiblement augmenté si vous refusez de casquer lorsqu'ils vous tiennent à cent mètres de hauteur sur ces énormes blocs, où il n'y a rien à empoigner et d'où on roulerait si facilement. Des touristes ont payé de leur vie de s'être confiés à ces dangereux exploiteurs.

Le sphinx est taillé dans un rocher à côté des pyramides ; c'était une énorme tête d'au moins dix mètres de hauteur, dont les formes sont très ravagées, quoique ayant déjà été restauré plusieurs fois. Au pied du sphinx, nous sommes photographiés en groupe, les uns à pied, d'autres sur des chameaux et des ânes, nos Arabes tenant les brides. Cette photographie, fort bien réussie, sera multipliée et nous en aurons chacun une, sur laquelle nous pourrons nous revoir avec le plus grand plaisir dans le cours de la vie.

En revenant des pyramides nous visitons le jardin zoologique qui est très grand et rempli d'animaux de toutes sortes. Ce jardin peut rivaliser avec le jardin d'acclimation du bois de Boulogne, est très bien entretenu, de grandes allées y sont pavées en mosaïque égyptienne. Il renferme des arbres, des plantes et des fleurs innombrables, un aquarium très important. On nous fait remarquer ici un chameau, un seul, mais le seul vrai; tous ceux que nous avons vus jusqu'à ce jour sont des dromadaires. Cet animal qui fait le service du jardin est fort beau, d'un port majestueux; il a sur le garrot une panne qui est revêtue d'une abondante crinière qui pend presque jusqu'à terre. Ce bel animal brun est une des curiosités de ce beau jardin zoologique.

Après cette visite, nos voitures nous transportent au musée. Ce musée est rempli d'antiquités de toutes sortes, mais ce qui est particulièrement intéressant ce sont les nombreuses momies qui s'y trouvent. Au musée du Louvre, à Paris, il y a quelques momies enveloppées d'étoffes, renfermées dans des cercueils recouverts d'une vitre ; on ne voit nullement ces restes humains ; ici, il y a environ quarante momies dans des caisses également, mais complètement ouvertes. On voit les crânes, tous les os, ficelés encore comme les grands, les rois égyptiens surtout, se faisaient lier, afin que leurs os ne puissent se séparer et se retrouvent tous dans un autre monde. Il y a là les momies des Pharaons, des Ramsès, etc., des rois et des reines, principalement dont les règnes barbares datent du temps des pyramides. Tous ces squelettes dans leurs positions où ils ont été ensevelis sont hideux à voir ; il y a de quoi en rêver fort longtemps.

Après midi, les voitures viennent nous reprendre et nous conduisent au vieux Caire visiter un endroit où a résidé la sainte famille. Cette partie de la ville est fort négligée, nous voyageons dans un nuage de poussière, des cahots impossibles ; on met pied à terre, c'est encore pis, enfin, à travers des masures en ruine, nous arrivons à l'endroit cherché. Il y a maintenant à cette place une église cophte dont on nous fait les honneurs, drôle d'église, drôle de religion. M. Potard glisse la pièce et nous rejoignons nos voitures qui, cette fois, nous emportent à la citadelle.

C'est un endroit excessivement élevé, d'où, d'un seul coup d'œil, on embrasse toute la ville du Caire ; c'est un point de vue superbe qu'on contemple avec admiration. A côté de la citadelle se trouve une grande et magnifique mosquée que nous visitons avec un peu d'indifférence, nous sommes un peu blasés là-dessus. Nous remontons alors dans nos voitures qui nous conduisent rapidement à la gare du chemin de fer où nous devons prendre le train pour aller à Matarieh, gros bourg, situé à trois gares du Caire.

C'est ici que la sainte famille est venue se fixer, et où elle a habité assez longtemps. Cette propriété appartient aux jésuites, qui ont là une dépendance, des jardins et une chapelle qu'ils ont construite il n'y a pas longtemps. Cet endroit n'est pour eux qu'une maison de campagne habitée par quelques-uns, ceux qui précisément nous y reçoivent ; leur principale résidence est dans un grand pensionnat qu'ils viennent de construire à la sortie du Caire, et où ils enseignent déjà à de nombreux élèves ; on voit cet établissement en partant du Caire, sur lequel on lit : « Collège de la Sainte-Famille ». C'est à la suite de l'expulsion des jésuites en France que ce pensionnat a été créé ; car beaucoup de ces religieux sont venus se réfugier ici ; ainsi j'y trouve plusieurs jésuites venant de Dole.

A Matarieh, près de la chapelle, se trouve l'arbre de la Vierge. Cet arbre que l'on renouvelle est destiné à perpétuer le souvenir de la source qui jaillit miraculeusement et voici comment : la tradition rapporte que l'enfant Jésus fit jaillir cette source, afin d'éviter à sa mère d'aller chercher l'eau jusqu'à la fontaine qui était éloignée. Cette source est maintenant un réservoir d'eau où une machine à manège fonctionne actuellement et remonte l'eau à la surface. Cette eau est fade ; mais nous nous y désaltérons avec plaisir, car nous avons une grande soif, et les pères jésuites n'ayant pas été prévenus de notre visite, se désolent de n'avoir rien à nous offrir. Ici, nous sommes loin de voter des remerciements à notre providence, M. Potard.

Les jésuites ont été bien accueillis ici. Ainsi, cette propriété de Matarieh est contiguë à une autre appartenant au khédive, et a même certains passages qui sont mitoyens. Eh bien ! nous dit le père qui nous sert de cicérone, il arrive quelquefois que certains employés du khédive se font un malin plaisir de nous tracasser un peu ; alors, il suffit de deux mots que nous faisons parvenir à leur maître, pour que cette malveillance cesse immédiatement, et les auteurs en sont punis ; cela arrive, du reste, rarement.

Ce bon père nous fait visiter son jardin ; toutes ces plantes et ces arbres sont nouveaux pour nous. Il nous fait remarquer un bambou qui vient très haut, et pousse de vingt centimètres par jour en plein été ; il croît en touffes, on coupe au pied pour dégager et il repousse des rejets. « Ici, il ne gèle jamais, nous dit-il ; il a gelé cet hiver à quatre degrés, tout à fait par extraordinaire ; il y avait plus de trente ans que cela ne s'était vu ; aussi nous avons perdu des arbustes rares que nous aurons beaucoup de peine à remplacer. » Je retrouve ici un arbre que j'ai beaucoup remarqué au Caire, et surtout au jardin de l'Esbesquiez. Cet arbre est du genre des oliviers, et à chaque branche il pend des racines qui arrivent par la suite à atteindre le terrain au pied où elles reprennent naturellement, et font souche. J'en ai vu un très vieux qui finit par former une très grande buvette à plusieurs compartiments, formant couvert en haut comme un saule pleureur ; je ne sais pas le nom de cet arbre.

Il est l'heure de retourner en gare, nous rentrons au Caire à la nuit. Il fait très frais, c'est le climat qui règne ici, les journées sont très chaudes déjà à cette saison, et les nuits très fraîches. Après souper, nous sommes libres, les uns écrivent ou lisent dans le salon de lecture de l'hôtel, d'autres se promènent isolément ; moi j'apprends qu'il y a des brasseries sur une place non loin de notre hôtel ; ayant eu grand soif la journée, je m'y rends, seul, je suis plus libre.

Sur cette belle place, il y a deux brasseries, des cafés-concerts, des tirs à la cible, des jeux de toutes sortes et une foule bigarrée, composée de toutes sortes de monde de tous pays ; beaucoup d'Européens et surtout des Anglais. On n'est pas embarrassé, beaucoup parlent français et surtout les garçons de café. Je m'assoie à une table, sur la terrasse, on me sert un bock, accompagné d'une tranche de saucisson et d'un petit croûton de pain, selon l'habitude et sans supplément. Je vide mon bock et passe à l'autre brasserie. Excellente bière partout, d'autant plus appréciable qu'on en est privé depuis longtemps, ainsi que de tous autres rafraîchissements. On n'a pas ici, autant qu'en Palestine, la ressource des oranges, elles sont peu abondantes ou du moins on en voit peu.

*Le 19 Avril.*

Ce matin nous sommes libres, j'en profite pour visiter à pied les plus beaux quartiers de la ville. Ici il y a aussi de grandes rues, des bazars, mais bien construits, propres et que l'on parcourt avec plaisir, cela s'appelle le Mousqui. On y vend de fort belles choses ; il y a des magasins européens dans ces bazars.

J'arrive à la place de l'Opéra qui se trouve aussi près du beau jardin-promenade. L'opéra est un bel édifice ; il y a là des marchands, des petites voitures d'étalage ; devant un magasin j'aperçois des journaux français, quel bonheur ! je vais avoir des nouvelles de ma patrie qui est en pleine effervescence électorale. Depuis notre départ nous n'avons eu des nouvelles que par lettres. Je demande un journal, c'est l'*Intransigeant ;* « Monsieur, me répond en très bon français, le chargé de la vente, je les reçois par trois et je ne peux en vendre un seul, c'est soixante centimes les trois » ; qu'à cela ne tienne, me voilà heureux et mes amis seront contents, car sur les tables de l'hôtel Bristol il n'y a pas de journaux français.

En flânant ainsi, il m'arrive une surprise bien agréable, je tombe dans les bras d'un frère de la doctrine chrétienne qui a été le professeur de mon fils à Dole et qui depuis quelque temps est arrivé au Caire, où il est professeur dans un grand pensionnat de sa congrégation. Ce pauvre exilé ne se sent pas de joie, il me raconte sa nouvelle situation, ne s'en plaint nullement. Il m'engage à aller visiter leur établissement, il y a encore d'autres frères de Dole ; malheureusement il me sera impossible de lui faire ce plaisir, nous partons demain matin : « Il y a, me dit-il, beaucoup d'élèves dont peu de catholiques, mais les autres sont tous très convenables ; ici, comme en Palestine, les musulmans sont très bons pour nous, me dit-il, le gouvernement également. Maintenant nous sommes acclimatés ; nous nous portons tous bien, nous sommes victimes, mais nous resterons Français de cœur ; le gouvernement qui nous a chassés n'est pas la France et nous savons que nous avons laissé là-bas des regrets. »

Je serre la main à ce bon frère et je lui promets de lui donner quelquefois des nouvelles.

Je continue ma promenade, j'admire les beaux magasins, les belles rues larges et alignées. — Le Caire est un petit Paris, il y a beaucoup de tramways, les rues bien pavées; je vois poser du macadam ; un cylindre à vapeur pour les routes comme en France. Il y a déjà beaucoup de routes et on en crée rapidement. On commence à voir des automobiles, des bicyclettes pas mal. Le Caire s'agrandit et s'embellit d'une manière vertigineuse ; aux alentours de la ville, quantité de villas, de châteaux construits ou en construction ; du reste, c'est une villégiature tout à fait agréable en hiver. La population augmente étonnamment ; il y a six ans il y avait sept cent mille habitants, on en compte près d'un million aujourd'hui. A cause de la grande chaleur déjà à ce moment-ci et des mouches très nombreuses dont on a peine à se défendre, c'est l'époque du départ des privilégiés qui viennent passer l'hiver ici, hiver bien autrement doux que sur la Côte-d'Azur. Il n'y a que les Egyptiennes musulmanes qui se cachent le visage;

le nez seulement est découvert et orné d'une petite bobine en cuivre plus ou moins luxueuse suivant la position de fortune. Cet ornement bizarre est suspendu par un bandeau qui fait le tour de la tête.

On sent ici la grande civilisation, la propreté par excellence, l'ordre parfait, le bien-être et même l'opulence. La police y est très bien faite, les agents sont nombreux, on y est en toute sécurité. En somme, le Caire me paraît un séjour fort agréable, un peu diminué l'été par la trop grande chaleur et les mouches.

A ce tableau favorable, il y a un petit revers de la médaille ; je me suis aperçu plusieurs fois qu'en général il y a de l'antipathie pour le Français ; la domination anglaise redoute toujours, paraît-il, la rivalité de la France. Un fait qui m'a laissé une mauvaise impression, voici : le soir de notre arrivée, avec un de mes amis, nous allons pour entrer à un théâtre qui se trouve dans le jardin de l'Esbesquiez, devant notre hôtel ; nous payons d'abord l'entrée du jardin, puis au bureau nous présentons de l'argent français. « On ne reçoit pas cet argent, nous dit-on brutalement. — Nous n'avons pas encore de votre monnaie, voilà de l'or, changez-nous-le. » On ne prend même pas la peine de parlementer et on nous fait comprendre grossièrement qu'il nous faut déguerpir. A la sortie du jardin nous réclamons notre entrée, on appelle un agent qui parle très bien français, on nous rit au nez tout simplement. Ce fait n'est pas isolé, l'Anglais du Caire n'aime pas le Français.

Dans les magasins on reçoit l'or français et même l'argent, mais nous nous procurons de leur monnaie qui est très pratique, c'est la petite piastre deux sous et demi, la grande piastre cinq sous et le shilling qui vaut un franc vingt-cinq centimes, toutes pièces en métal blanc léger et peu volumineux.

Le Caire est splendidement éclairé à l'électricité. On a vu à Paris, aux expositions, à titre de curiosité, une rue du Caire bordée de maisons avec des balcons en bois grossier, se rejoignant presque au-dessus d'une ruelle étroite. Cela représentait le vieux Caire où nous avons passé et qui tombe en ruine; mais la plus grande partie de la ville est le nouveau Caire avec larges rues et belles constructions récentes. Je le répète, il y a ici un grand mouvement, une activité fiévreuse. Si j'insiste, c'est qu'on se fait en France une toute autre idée de cette ville.

Il en est ainsi pour les mœurs des Arabes ; je n'ai pas ici à les étudier, mais on a tant dit de sottises à ce propos, que je vais en dire deux mots pour faire connaître la vérité : les Arabes ont généralement trois femmes, toujours très jeunes ; il n'y a guère que la passion bestiale qui, avec les affaires, intéresse le mari ; il relègue la femme au dernier rang et la considère en dessous de ses animaux ; ainsi si on lui demande des nouvelles de son intérieur, on doit lui dire : comment se portent tes chameaux, ton âne, ton cochon, avant de lui dire et ta femme. Ce sont là surtout mœurs des campagnes.

De cette situation, naturellement, il naît beaucoup d'enfants ; la femme qui n'a pas les dons attachés à la maternité ne les soigne pas, les laisse croupir tout nus, leur donne à peine à manger, pas de propreté, pas d'hygiène. Il s'en suit de là une grande mortalité ; sur dix enfants, peut-être deux viennent à bien et encore ne sont-ils que rarement bien forts. Je tiens ces renseignements d'un Français, originaire des environs de Dijon, qui s'est fixé à Tantha, ville où nous passerons et qui se trouve sur la ligne du Caire à Alexandrie. Ce Monsieur est dans le commerce des cotons et est constamment en relations avec les Arabes des campagnes, relations pour lesquelles il a toujours un interprète avec lui. J'ai fait connaissance de cet aimable compatriote en revenant sur mer où j'ai passé quatre jours à la table du navire coude à coude avec lui, qui venait en France voir ses parents.

Après ces digressions peut-être un peu longues et fastidieuses, je continue : cet après-midi nous sommes encore libres, c'est-à-dire pas de visites à faire en groupe. Seul encore je me dirige à la gare où je vais prendre le train pour aller visiter les barrages du Nil, une véritable curiosité du Caire. C'est une excursion très intéressante, très fréquentée ; il y a à partir de midi des trains exprès pour les barrages.

J'ai mon billet et je me dispose à monter, lorsque je m'entends appeler par une portière ; c'est mon ami, M. le curé Bouchet, qui a eu la même idée que moi. C'est une véritable bonne fortune, il fait si bon être à deux pour échanger ses impressions, avec cela au milieu de tout ce monde inconnu et différant beaucoup de nos habitudes.

Les barrages sont au moins à 25 kilomètres, trois gares à passer, et celle où nous descendons se trouve encore relativement éloignée du Nil ; seulement, ici comme partout, les entrepreneurs ne manquent pas. On nous harcèle de tous côtés, on nous fait monter sur des petits vagonnets rustiques, comme ceux qui font le service de la voie en France, un banc sur chaque, un seul voyageur et les Arabes vous poussent par derrière. Nous avons hésité, débattu le prix, une piastre, deux piastres ; et vite en route, il fait une chaleur torride et la marche est accablante.

On nous mène ainsi jusqu'au premier pont. Les barrages sont d'énormes ponts sur des arcades en pierre dont chaque arcade a trois mètres de large. Ces ponts sont très larges. Il y a trois ponts, un sur chaque bras du Nil, et le grand pont sur le fleuve qui a au moins quatre cents mètres de long. A chaque arcade, du côté d'où vient le courant, naturellement, il y a une énorme porte en fer qui ferme hermétiquement et se lève et s'abaisse à volonté. Sur le bord du pont, un treuil très puissant est placé sur des rails, afin de le rouler d'une extrémité à l'autre, lequel treuil sert à élever ou à baisser ces énormes portes, lorsqu'on veut faire monter les eaux pour inonder les propriétés en amont. Il y a aussi de petits ponts-levis pour laisser passer les embarcations et les bateaux à voiles. Au moyen de ces barrages, on fait arroser d'immenses quantités de terrains qui sont rendus par ce moyen excessivement fertiles. Ce travail d'art très important a été exécuté par des ingénieurs français, il y a une cinquantaine d'années.

Un autre moyen est employé pour arroser les grandes plaines qui sont en aval de ces barrages, voici : sur le bord du fleuve sont établis des appareils qui remontent l'eau, et l'envoient dans des tranchées ouvertes qui servent de canaux, de réservoirs et s'en vont sillonner la plaine Ces machines, assez simples, se composent d'une grande roue exactement comme une roue de nos moulins, autour de laquelle sont fixés des godets d'une certaine capacité, et qui tourne dans l'eau actionnée par un manège auquel on attelle âne, buffle ou chameau. Ces roues, puisant ainsi en plein dans le fleuve, enlèvent en peu de temps d'énormes quantités d'eau. Les canaux constamment entretenus passent au bout des pièces de terre, et les agriculteurs, au moyen de machines semblables, envoient cette eau à travers le champ. Avant d'arroser, on forme des ados, entre lesquels il y a des raies, et on inonde ; ensuite l'eau se retire, on nivelle et on sème ou on plante.

Sous l'action de ce soleil brûlant, les récoltes poussent d'une manière prodigieuse. On comprendra combien ces arrosages sont précieux, ici où il pleut encore moins qu'en Palestine ; il y a quelques années, il a passé quinze moissons sans une goutte de pluie.

Aux barrages du Nil, il y a un grand parc sillonné d'allées, rempli d'arbres, de fleurs, de jardins anglais très attrayants. Tout cela est très beau, enchanteur.

Avec mon ami M. le curé, nous commençons à avoir bien soif, heureusement, à l'extrémité du grand pont se trouve un village où nous découvrons un débit très rustique, à la mode du pays. Le patron, homme de bonne composition, nous comprend difficilement, mais assez pourtant. Avec de la limonade et du bon vin, nous nous rafraîchissons largement, puis nous pensons au retour.

Nous sommes loin de la gare, il y a ici des visiteurs qui sont venus par eau et ont leurs petits bateaux à vapeur tout près de nous. Nous tombons dans les bras d'excellentes personnes auxquelles nous demandons la faveur de nous laisser monter près d'eux, et de nous ramener au Caire dans leur joli petit bateau qui file très bien. Le hasard veut que ce soient des Français établis au Caire ; un monsieur est professeur de droit, sa dame l'accompagne ; l'autre est un ami de France qui se trouve en villégiature chez eux.

Ces aimables compatriotes nous font un accueil des plus chaleureux, nous offrent à boire, et sont aussi heureux que nous de la rencontre. La conversation est très assidue et très agréable pendant une heure et demie qu'a duré ce charmant voyage sur le Nil.

C'est là que j'ai pu me rendre un compte exact de la manière dont on capte les eaux de ce grand fleuve. Le Nil à cet endroit a bien un kilomètre de largeur, et est bordé de villas et de châteaux qui présentent un charmant coup d'œil.

Nous arrivons au Caire à la nuit, nous offrons délicatement quelque chose (ces personnes ont loué ce bateau avec deux chauffeurs). On n'accepte pas, vous le pensez bien ; nous remercions chaleureusement et ces aimables personnes poussent la gentillesse jusqu'à faire un assez long détour pour nous remettre au tramway qui va nous conduire directement devant notre hôtel. En nous quittant, nous échangeons nos cartes, et nous créons ainsi une excellente connaissance en ce pays si éloigné ! Vraiment, dis-je à M. le curé en rentrant, grâce à vous, sans doute, nous sommes les enfants chéris du bonheur.

*Le 20 Avril.*

Aujourd'hui, c'est le départ; à huit heures du matin, les voitures nous conduisent armes et bagages à la gare où nous devons prendre l'express pour Alexandrie.

Du Caire à Alexandrie, toujours plaines très fertiles, mais monotones; peu d'arbres, rien de pittoresque. Combien ces contrées diffèrent de celles que nous avons traversées avant d'arriver au Caire. Il y a ici de belles céréales, on commence les moissons.

Entre Ismaïlia et le Caire, nous avons remarqué déjà quelques champs de coton; ici on en voit davantage. La plante qui produit le coton dans ces pays est un arbuste de la hauteur de nos groseilliers. Il se plante par bouture, et le coton vient en boules de la grosseur d'une noix au bout des branches, boules dans lesquelles se trouve la graine; j'en ai vu à mon retour à la magnifique exposition coloniale de Marseille, en boules brutes, puis des travaillées. Les cotons d'Egypte, paraît-il, jouissent d'une réputation de supériorité incontestable.

Les plaines que nous traversons sont d'une telle fertilité qu'on y fait, comme je l'ai dit, régulièrement deux récoltes par an et quelquefois trois, et cela sans engrais ; car ici aussi j'ai vu apporter au Caire du crottin desséché qu'on brûle en place de bois avec du charbon. Il est vrai que les eaux du Nil sont d'une richesse extraordinaire en principes fertilisants.

Ces contrées de riches cultures sont très peuplées ; on voit beaucoup de villages, beaucoup de travailleurs dans les champs. Les maisons sont comme des huttes surmontées d'une espèce de four en terre comme en construisent les bûcherons en France. Les Arabes n'y regardent pas de si près ; j'ai visité ailleurs de leurs logements, les animaux, ânes, chameaux, cochons, volailles, tout est pêle-mêle et vit ensemble avec la famille, dans la hutte où on fait le feu par terre. L'homme de cœur est saisi de pitié pour ces gens, qui eux semblent heureux comme cela, ne connaissant pas les bienfaits de la civilisation.

Notre train file, on ne s'arrête qu'à deux

gares principales, Damanourh et Tantha, dont j'ai déjà parlé ; ce sont deux villes de quinze à vingt mille âmes, de grands centres de commerce. Quatre heures d'express, il est une heure après midi. Nous arrivons à Alexandrie, où nous quittons pour toujours ces excellents vagons d'Orient, très confortables et très commodes. Comme en Suisse, on entre par les bouts, une allée au milieu, des bancs de chaque côté, beaucoup de filets pour les valises, et des plateformes dans les bouts qui les relient ensemble, et par lesquelles on communique d'une voiture à l'autre. Voilà, en général, les vagons orientaux. On passe les valises par les portières, on les jette en tas sur le quai où le service de l'hôtel viendra les prendre. Nos pauvres valises, en ont-elles vu des dures, elles n'en peuvent plus, mais c'est leur dernière épreuve.

Les voitures du grand hôtel Abbat (je donne les adresses en cas de besoin) nous attendent dans la cour de la gare, nous montons sous un soleil plus brûlant que jamais. A l'hôtel, une table bien servie nous attend, nous y faisons honneur, puis au salon de lecture nous trouvons beaucoup de journaux qui vont nous renseigner sur nos pays respectifs. Nos Américains y trouvent la catastrophe de San-Francisco; ils y ont des parents, des amis, c'est fort triste.

La ville d'Alexandrie, comme le Caire, me paraît fort belle, mais bien moins pourtant que cette dernière. Nous n'y séjournons pas ; nous en avons traversé une partie de la gare à l'hôtel, les voitures nous font visiter une autre partie de la ville, les principaux quartiers, en nous conduisant au port maritime, où nous allons prendre place à bord du *Sénégal*, autre paquebot des Messageries maritimes, à très peu de chose près semblable à l'*Equateur*, et qui doit nous rapatrier d'un seul trait à Marseille, cinq cent soixante-seize lieues en quatre jours et cinq nuits.

Avant de monter, il y a la douane ; on est fort peu accommodant, on veut visiter toutes les valises, travail considérable, on bataille, on nous montre une hostilité visible comme on l'a fait au Caire; finalement M. Potard arrange l'affaire en glissant la pièce, je crois, argument qui n'est pas dédaigné ici pas plus qu'ailleurs.

Les quais de cet immense port sont très

longs, une quantité de grands navires sont à quai, car c'est un des rares ports où les grands bâtiments abordent les quais; nous y trouvons le *Sénégal* et nous voilà à bord.

Heureusement que nos places sont réservées, il se présente une grande quantité de voyageurs; on refuse cinquante personnes qui attendront le passage d'un autre navire français. C'est maintenant le moment, comme je l'ai dit déjà, où ceux qui sont venus chercher un climat doux l'hiver quittent l'Egypte où l'été est brûlant.

Notre navire quitte le quai et s'arrête au milieu du port. C'est pendant cette halte d'au moins une heure que, du haut du pont où on domine tout et de tous côtés, nous jouissons du plus beau et du plus instructif coup d'œil qu'on puisse imaginer, surtout pour ceux qui ne sont pas familiers avec les choses de la mer. Le port d'Alexandrie est le plus vaste de tous ceux que nous avons vus; j'y compte environ deux cents grands navires, sans compter une grande quantité de vaisseaux moins grands et d'embarcations de toutes sortes. Il y a là un mouvement vertigineux; une chose qui me frappe tout particulièrement, c'est la manipulation des immenses quantités de houille et charbons de toutes sortes. Les bateaux arrivent dans des bassins exprès dans la gare maritime; des vagonnets chargés dans ces bateaux sont enlevés rapidement par des treuils qui les déposent sur une immense charpente en fer, où là, par mécanisme, ils vont se décharger à droite, à gauche, dans toutes les directions Des trains de chemin de fer sont chargés ainsi, le reste tombe en énormes tas; pour moi ces gigantesques travaux sont nouveaux et très intéressants.

Le *Sénégal* va lever l'ancre, nous nous présentons à la distribution des cabines; j'ai l'avantage de me trouver encore près des machines où il fait une chaleur insupportable, ce qui est fort désagréable. Au surplus je trouve qu'on est trop dans ma cabine, je vais au bureau où ces Messieurs travaillent encore et je demande si on peut me passer en première classe et combien cela coûterait, je paierais un supplément. On me répond que tout est pris et à titre de renseignement on me dit que le supplément de seconde en première serait de

75 francs, les premières coûtant 315 francs, les secondes 240 francs et les troisièmes 100 francs pour la traversée directe d'Alexandrie à Marseille, 576 lieues comme je l'ai dit.

Je donne ces renseignements pour les curieux que cela peut intéresser, ce voyage est facile à faire, il est bon d'en connaître le prix. Nous étions quatre dans ma cabine, y compris le chanoine d'Albi, toujours le même grincheux ; il finit par se caser ailleurs, prend ses valises et déguerpit : « Bon voyage, Monsieur Dumollet ! » Il ne me reste plus que mon ami M. Besse, charmant toujours et qui ne m'a guère quitté durant tout le voyage, et un énorme Turc, marchand de tabac, qui nous offre jour et nuit des cigarettes, est très bon enfant, pas du tout importun et auquel la langue française est aussi étrangère que le *Pater* aux ânes ; impossible de nous faire comprendre en rien de ce brave homme qui fait des efforts surhumains pour nous être agréable.

Il est cinq heures ; la sirène annonce le départ, en route pour Marseille.

A six heures le souper, l'ordinaire est le même à peu près que sur l'*Equateur*, c'est-à-dire très confortable; le soir on fraternise plus que jamais sur le pont, tout à la joie que nous sommes du bonheur de rentrer en France et surtout dans nos familles. Le retour s'annonce à souhait, le temps est superbe, la mer très belle, rien ne fait pressentir à ce moment les transes par lesquelles nous devrons passer.

*Le 21 Avril.*

Ce matin on se lève sous les meilleurs auspices, rien à signaler, cette journée est insignifiante, on passe son temps à causer, à lire, à jouer un jeu bien inoffensif et le seul qui soit en faveur sur mer ; c'est un carré en planche sur lequel sont des numéros, sur lesquels on jette des palets en caoutchouc, d'un but déterminé. On ne s'ennuie nullement.

On nous apprend que notre *Sénégal* a subi en venant une tempête effroyable et comme on n'en avait vu depuis plus de quinze ans, disent les matelots. On voit jusqu'où l'eau est montée aux tuyaux des cheminées. Cette tempête a duré trois jours et occasionné trente heures de retard de Marseille à Alexandrie : c'est pour nous une garantie sur la résistance de ce navire et qui ajoute à notre confiance ; mais, si pareille chose allait nous arriver, brrrr !... il n'y faut pas penser.

*Le 22 Avril.*

C'est aujourd'hui dimanche, nous avons la grand'messe sur le pont, belle cérémonie où nous voyons avec plaisir assister le commandant du navire et les officiers disponibles; décidément tous ces importants marins ont de la religion et ne craignent pas de le faire voir; ces loups de mer n'ont pas de respect humain. Beaucoup de voyageurs qui se trouvent catholiques se joignent à nous et sont heureux de profiter de ces cérémonies; jusqu'au gros Turc de ma cabine que je vois très recueilli à la messe; cet homme est catholique et peut-être plus sévère que nous. Un second exercice religieux nous aide à passer la journée qui se termine encore fort agréablement.

*Le 23 Avril.*

On se lève à six heures et demie, on ne peut guère plus tôt; car, comme je l'ai dit, tous les matins on lave le navire à grande eau et la promenade sur le pont est très humide et gênante.

Nous venons de passer le détroit de Messine, nous sommes à la sortie, précisément à l'endroit où se trouvent Charybde et Scylla. Tout le monde a entendu dire : on retombe de Charybde en Scylla, en voici l'explication : ces deux noms sont ceux de deux rochers sous-marins très dangereux et qui ont causé beaucoup de catastrophes avant les perfectionnements de la navigation et surtout lorsque les navires marchaient à voiles et ne suivaient pas comme aujourd'hui une route presque aussi directe que sur terre. Le détroit de Messine étant le théâtre de mauvais temps assez fréquents, autrefois lorsqu'un vaisseau avait à grand'peine évité Charybde, il retombait sur Scylla et souvent c'était là son tombeau.

A dix heures du matin la mer s'agite, on ne sait pourquoi; il fait très beau toujours. Cela augmente et beaucoup de passagers commencent à en ressentir les déplorables effets. Au dîner, il en manque pas mal; d'autres essaient de manger, on dit que cela convient; c'est une erreur, ils en ont bientôt la preuve. Néanmoins il y en a environ moitié qui résistent. Moi je mange, cela ne me réussit pas, je vais vite me coucher. A quatre heures, je me relève, je me sens mieux; je veux lutter, je vais sur le pont, la mer est plus mauvaise, je capitule et retourne au lit. Je soupe bien et ensuite il n'y paraît plus rien, plus heureux encore que bien d'autres, je m'en tire à l'honneur et ne donne pas à manger aux poissons.

*Le 24 Avril.*

Ce matin nous sommes tous à peu près remis, le mal de mer n'est pas ce qu'on en a dit bien des fois et ne dure pas longtemps, et une fois passé il n'en reste absolument rien; quand vous n'avez plus rien dans l'estomac, il ne vous reste qu'un peu de migraine.

A deux heures du matin on est venu fermer tous les hublots dans nos cabines.

— Eh quoi ! Nous aurons du mauvais temps, demandons-nous?

— Non, peu de chose, répond le matelot pour ne pas nous effrayer.

Pour le commun des passagers, rien ce matin ne peut faire présager la tempête; mais les marins ont du flair et les officiers sont très prévoyants. Trève de mélancolie, chassons les idées noires et soyons tout à la joie; encore une quinzaine d'heures et nous devons toucher au port; il est bien rare qu'il doive nous arriver malheur. Voilà certes une charmante impression ; mais à dix heures du matin la mer s'agite de nouveau, puis devient mauvaise ; nous sommes tous malades, pis que l'autre fois. On essaie de dîner, impossible ; il faut se coucher et cette fois, moi comme les autres, nous payons la dette complète ; je crois que personne n'y a échappé.

A trois heures, je vais sur le pont ; j'y vois une demi-douzaine des plus crânes et je redescends vite ; impossible de s'y tenir debout. A partir de ce moment, la mer est déchaînée ; c'est un spectacle curieux, mais terrifiant, inoubliable, on s'en fait difficilement une idée. Nous sommes maintenant en grand danger, les marins ne se le dissimulent pas plus que nous. Rien de rassurant.

La nuit arrive et un triste souvenir est loin de nous réconforter. En effet, nous sommes précisément à l'endroit où un navire a fait naufrage lors de la guerre de Crimée sous Napoléon III. C'était la *Sémillante*, chargée de huit cents soldats se rendant à Sébastopol ; deux cents seulement ont été sauvés, quoique à une distance rapprochée du rivage et six cents de ces malheureux y ont péri, ainsi qu'en fait foi un monument qui a été élevé sur le rivage à leur mémoire et que nous avons reconnu et salué d'une prière à notre passage en allant en Orient.

La mer augmente de fureur. Le soir, personne à table, m'a-t-on dit, et la nuit, quelle nuit horrible, tout craque, tout s'ébranle, chaque instant semble être le dernier, on s'attend à être englouti ; on croit qu'on ne reverra pas le jour, on pense à sa famille, à l'autre monde, que sais-je, une foule d'idées plus lugubres les unes que les autres vous assaillent et vous soutiennent un peu par leur confusion. Pour moi, je ne suis pas froussard ; mais qu'on me pardonne si j'ai eu peur dans cette horrible nuit ; inutile de faire le bravache, mais je peux ajouter que dans ma frayeur je rassurais encore les autres. On subit quelquefois dans la vie des assauts terribles, rien ne peut être comparé à une situation pareille, où tout secours est impossible.

*Le 25 Avril.*

Nous devions arriver à Marseille à dix heures du soir, nous y arrivons à neuf heures du matin ; nous avons mis vingt-quatre heures au lieu des douze heures de marche qu'il nous restait à faire, lorsque la tempête s'est déchaînée complètement. Ce détroit de Bonifacio est réputé très mauvais, aussi les navires l'évitent-ils assez souvent en tournant la Corse. Ce mauvais temps que nous avons subi était produit par un impétueux mistral qui démonte complètement la mer.

Enfin, nous nous faisons nos adieux réciproques et nous voilà sur le plancher des vaches, nous promettant bien de ne pas le quitter de longtemps ; car, si d'un côté on est très heureux et très satisfait, plutôt enchanté d'un si beau voyage, après un mois et demi d'absence, on est très heureux aussi de rentrer chez soi.

En nous séparant, je remarque avec le plus grand plaisir, que j'emporte tout particulièrement la sympathie des dames. Sans m'avantager, je l'ai gagnée cette sympathie, uniquement par la complaisance, ce qui devrait être la règle de conduite de tous les voyageurs. Oh ! ne vous offusquez pas, n'allez pas penser à mal, rien n'est plus sérieux, vous allez voir :

Les dames ne sont pas sans une vague inquiétude, une certaine appréhension au départ pour un voyage aussi long, hérissé de fatigues et de difficultés, quelquefois très grandes. Il y a beaucoup de mauvais pas à franchir, on peut se trouver en détresse, en grand danger même : on pense qu'à certain moment on peut avoir besoin de secours, d'une main vigoureuse. Ajoutez à cela que les dames sont obligées de se munir de valises plus lourdes et plus encombrantes que les nôtres et qu'il faut manipuler constamment ; les introduire dans les filets, les descendre, les passer par les portières en les écrasant, toutes choses assez difficiles pour le sexe faible. Eh bien ! mon Dieu, oui, j'ai prêté main-forte à ces dames, quelquefois au risque de ne plus pouvoir me caser ensuite ; je ne me donne pas des gants, il n'y a aucun mérite à cela, c'est un devoir, seulement cela tranche un peu avec le noir égoïsme qu'on rencontre souvent dans ces sortes de voyages, où l'on abuse peut-être de la maxime qui dit : « Chacun pour soi et Dieu pour tous. » Je remercie ces dames de leur reconnaissance qui m'est très précieuse.

Avant le départ, nous étions allés, sous la conduite de notre directeur, nous mettre sous la protection de Notre-Dame de la Garde ; moi, j'avais cru tout naïvement que nous irions la remercier à notre retour, par une action de grâce, surtout après avoir échappé à un aussi grand danger. Pas du tout, M. Potard n'en a pas parlé, personne de nous ne devait en prendre l'initiative. Il est vrai que nous étions sauvés et nous n'avions plus besoin de protection, du moins pour ce voyage. Nous avons une fois de plus prouvé à Notre-Dame de la Garde que la reconnaissance fait souvent place à l'ingratitude ; ceci soit dit sans acrimonie, quoique d'une critique sévère, mais dont on comprendra la justesse.

J'ajouterai en terminant que nous sommes tous revenus sains et saufs, à l'exception d'une dame que nous avons laissée malade à Jérusalem, mais qui est maintenant hors de danger. Un vieux monsieur était resté en route en allant, avec sa gouvernante, nous les avons retrouvés en revenant, à Alexandrie, et complètement rétablis. Les assomptionnistes ont été moins heureux que nous ; une pauvre religieuse de Paris, à laquelle on avait déconseillé ce voyage, vu son état de santé, est morte sur mer en allant et son corps a été glissé en mer, comme cela se fait toujours. On m'a fait voir sur l'*Equateur* la porte où l'on fait cette dernière glissade et voici comment : on enferme le cadavre dans un sac goudronné avec un poids en plomb ; on fait les cérémonies religieuses s'il y a à en faire et le sac lugubre disparait dans les flots, où il s'en va reposer à trois ou quatre mille mètres de profondeur. Cela donne la chair de poule, il n'y faut pas penser.

Une chose que nous avons pu constater dans ce voyage et avec fierté, dans tous les pays où nous avons passé (l'Egypte excepté), c'est que la France jouit encore d'un prestige, d'une vénération, on peut dire. Ainsi on en impose dès qu'on se dit Français, partout on recherche l'or et l'argent français, on est fier de parler notre langue. Aussi, peut-on considérer comme un crime la tendance de certains sectaires à vouloir retirer aux écoles congréganistes d'Orient les subsides que leur accorde le gouvernement français. J'ai pu constater d'une manière incontestable que ces religieux se dévouent, s'appliquent à faire aimer, vénérer la France; pour s'en convaincre il n'y a qu'à aller visiter leurs écoles, parler aux jeunes gens. Hélas! on voit aussi avec peine que ce beau prestige, nous ne le conserverons pas, que nous perdons du terrain et cela au profit des Allemands qui établissent partout des colonies, comme à Jaffa, font des dons énormes, comme à Jérusalem, même pour construire des églises catholiques.

## Renseignements complémentaires.

Lorsqu'on voyage en pays éloignés, tout est tellement différent de la France que cela vous frappe tout naturellement. Pour moi, je ne suis jamais indifférent, tout m'intéresse. En Orient, on s'aperçoit bien vite que la civilisation y fait des progrès rapides ; ainsi on construit beaucoup, presque tous les pensionnats de Nazareth et d'ailleurs sont constructions neuves et à Jérusalem, c'est, on pourrait dire, une véritable fièvre de constructions. Des bâtiments énormes tout en pierre finement taillée sont terminés ou commencés actuellement ; il paraît qu'il y a sous ce rapport, assaut de gloriole, de luxe entre les congrégations des différentes religions ; il faut cela, disent-ils, pour attirer la clientèle, c'est-à-dire les élèves, on lutte par le luxe.

A Nazareth, le supérieur du pensionnat de

Jésus, adolescent de l'ordre de dom Bosco, qui a construit un énorme établissement tout en haut de la colline, un véritable nid d'aigle, nous disait ceci :

« Je n'ai pas encore terminé, mais cela s'avance ; je me suis trouvé dans un grand embarras au beau milieu de l'exécution de mon projet, j'ai manqué complètement de fonds pour continuer. Alors, je me suis mis à la recherche de bonnes âmes qui voudraient bien m'aider. Je suis parti pour la France (je suis Français), trésor inépuisable de charité et de bonnes œuvres et à Pau, une seule dame m'a donné quatre-vingt mille francs ; j'ai trouvé d'autres dons importants encore et je me suis remis à la besogne avec plus d'entrain que jamais ; je trouverai bien certainement ce qu'il me faut pour terminer, cela n'est pas douteux. »

Ce bon religieux avait compté sur la Providence, elle ne lui a pas fait défaut. Je me permets de lui demander pourquoi, dans ces conditions, on entreprenait des édifices aussi grandioses, moi je voyais là dedans un orgueil mal placé.

« C'est, répond-il, que, ce qui engage ici, la main-d'œuvre est peu coûteuse et les transports de matériaux se font à vil prix, à dos d'ânes ou de chameaux. Ici, un bon et fin tailleur de pierre gagne quatre piastres, c'est-à-dire un franc par jour, un bon maçon trois piastres et les goujats une à deux piastres ; la piastre vaut vingt-cinq centimes et ces gens se nourrissent bien entendu. »

A Jérusalem, on m'a confirmé ces prix. On les trouve vraiment un peu dérisoires ; mais tout est relatif, ces ouvriers, par religion, ne boivent ni vin, ni bière, ni alcool, ce qui absorbe la plus grande partie en Europe. Ils n'ont pas non plus ici les journaux qui les poussent à la révolte, ou bien leur font perdre leur temps à compter les grains de blé contenus dans une bouteille, comme certains journaux français qui, sachant que la simplicité humaine est insondable, s'en font de très belles rentes. (J'ai vu quantité de gens, d'ouvriers s'exténuer à compter ces grains et ils attendent encore leurs prix).

Maintenant qu'on ne dise pas que ces ouvriers qui gagnent si peu ici sont malheureux ; nous leur parlons, ils ne nous comprennent pas, mais de suite ils sourient et vous montrent des figures épanouies. Je les crois plus heureux que ceux qui gagnent dix ou quinze francs par jour et n'étant jamais satisfaits, sont toujours en ébullition pour fomenter des grèves.

Il faut ajouter qu'ils vivent ici très sobrement et que la nourriture ne coûte pas cher.

Un autre renseignement, c'est que les chiffres des populations que j'ai donnés ne sont qu'approximatifs; les recensements dans ces pays ne sont pas faits avec autant de soin et d'exactitude qu'en France et il faut tenir compte de ce que les populations de certaines villes ont doublé et même triplé depuis vingt ans.

J'ai terminé ce récit, j'ai tenu avant tout à être exact et véridique; j'ai annoncé que je dirais tout, j'ai tout dit, sans aucun parti pris, je ne regrette rien et, si quelqu'un se trouve froissé par ma franchise, j'en suis bien fâché, mais je n'y peux absolument rien.

Alexandre DANJEAN.

Pescux, février 1907.

IMP. JOBARD, DIJON

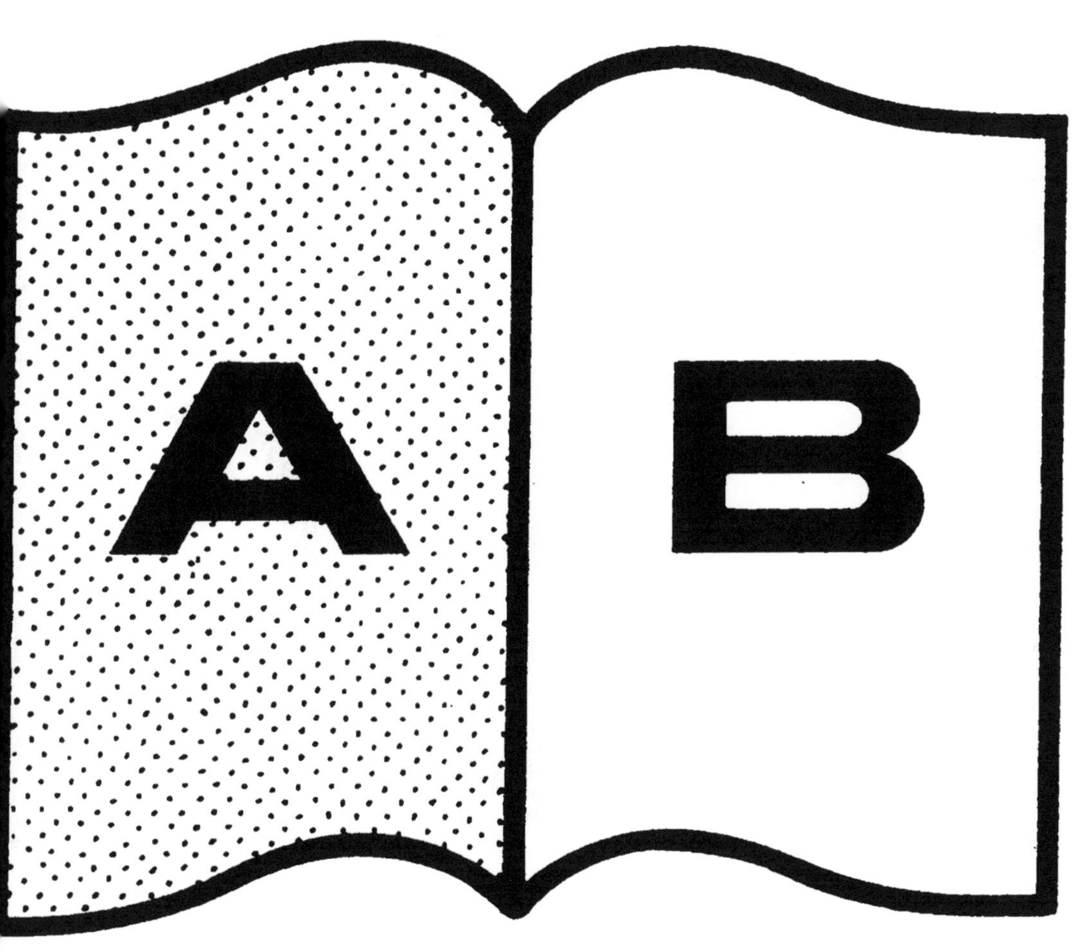


Contraste insuffisant

**NF Z 43**-120-14

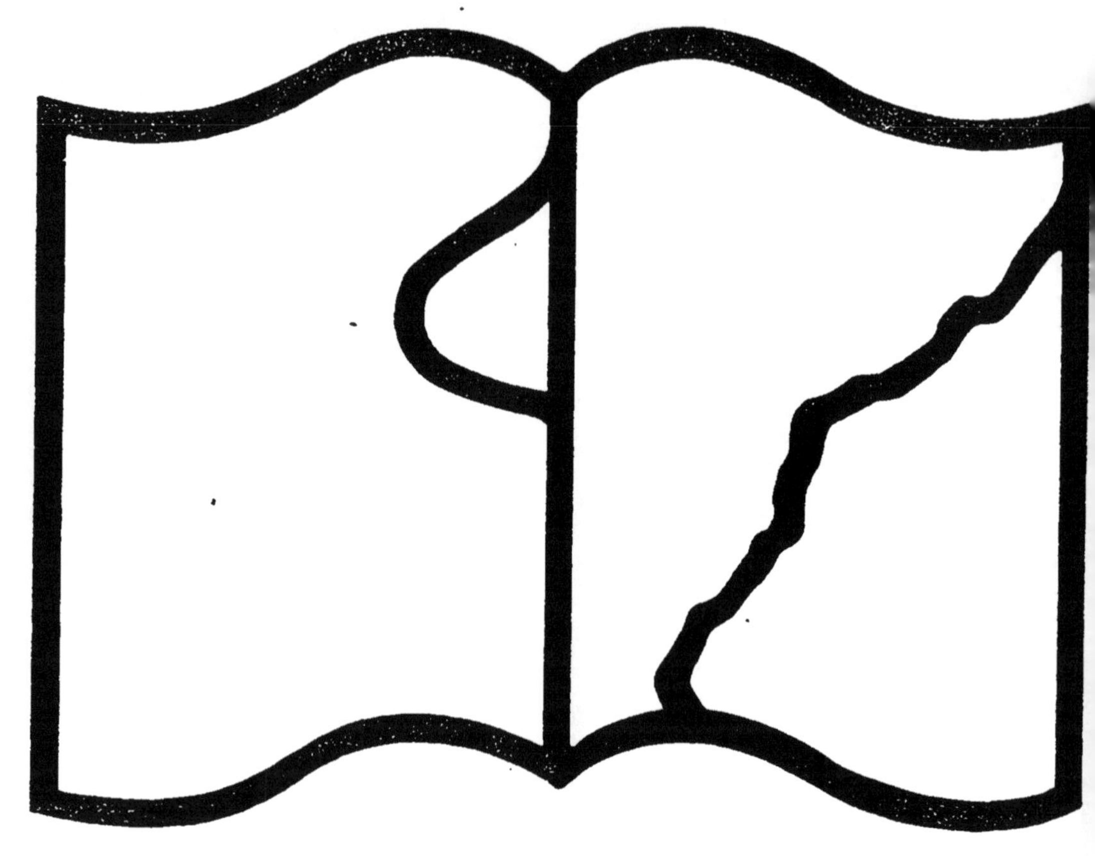

Texte détérioré — reliure défectueuse

**NF Z 43-120-11**

www.ingramcontent.com/pod-product-compliance
Ingram Content Group UK Ltd.
Pitfield, Milton Keynes, MK11 3LW, UK
UKHW020323230726
13925UKWH00002B/582